San Luis María

Tratado *de la* Verdadera Devoción *a la* Santísima Virgen

María

Edición en Letra Gigante *para lectores con dificultad visual*

LIBRERÍA SAN JOSÉ

Título original: Traité de la vraie dévotion à la Sainte Vierge "Tratado de la verdadera devoción a la Santísima Virgen"
Por: San Luis Ma. Grignion de Montfort
Traducción del P. Guillermo Faber

© Librería San José
C. Niños Héroes 100-A
Col. Centro Cd. Meoqui, Chih.
33130 México

libreriasanjosemexico@gmail.ocm
libreriasanjose.com

*Dedicamos esta obra, en conmemoración del 300
aniversario de su publicación, a todos aquellos que al
consagrarse totalmente a María Santísima preparan
en sus almas el Reino de Jesucristo.*

INTRODUCCIÓN

María en el designio de Dios

1. Por medio de la Santísima Virgen Jesucristo vino al mundo y por medio de Ella debe también reinar en el mundo.

La humildad de María

2. La vida de María fue oculta. Por ello, el Espíritu Santo y la Iglesia la llaman alma mater. Madre oculta y escondida. Su humildad fue tan grande que no hubo para Ella anhelo más firme y constante que el de ocultarse a sí misma y a todas las creaturas, para ser conocida solamente de Dios.

3. Ella pidió pobreza y humildad. Y Dios, escuchándola, tuvo a bien ocultarla en su concepción, nacimiento, vida, misterios, resurrección y asunción, a casi todos los hombres. Sus propios padres no la conocían. Y los ángeles se preguntaban con frecuencia

uno a otros ¿Quién es ésta? (Cnt. 8, 5) Porque el Altísimo se la ocultaba. O, si algo les manifestaba de Ella, era infinitamente más lo que les encubría.

4. Dios Padre a pesar de haberle comunicado su poder, consintió en que no hiciera ningún milagro al menos portentoso durante su vida. Dios Hijo a pesar de haberle comunicado su sabiduría consintió en que Ella casi no hablara. Dios Espíritu Santo a pesar de ser Ella su fiel Esposa consintió en que los Apóstoles y Evangelistas hablaran de Ella muy poco y sólo cuanto era necesario para dar a conocer a Jesucristo.

5. María es la obra maestra y más excelente del Altísimo. Quien se ha reservado a sí mismo el conocimiento y posesión de Ella. María es la Madre admirable del Hijo. Quien tuvo a bien humillarla y ocultarla durante su vida, para fomentar su humildad, llamándola mujer (Jn. 2,4; 19, 26), como si se tratara de una extraña, aunque en su corazón la apreciaba y amaba más que a todos los ángeles y hombres.

María es la fuente sellada, en la que sólo puede entrar el Espíritu Santo, cuya Esposa fiel es Ella. María es el santuario y tabernáculo de la Santísima Trinidad, donde Dios mora más magnífica y maravillosamente que en ningún otro lugar del universo sin exceptuar los querubines y serafines: a ninguna criatura, por pura que sea, se le permite entrar allí sin privilegio especial.

6. Digo con los santos, que la excelsa María es el paraíso terrestre del nuevo Adán, quien se encarnó en él por obra del Espíritu Santo para realizar allí

maravillas incomprensibles. Ella es el sublime y divino mundo de Dios, lleno de bellezas y tesoros inefables. Es la magnificencia del Altísimo, quien ocultó allí, como en su seno, a su Unigénito y con El todo lo más excelente y precioso. ¡Oh qué portentos y misterios ha ocultado Dios en esta admirable creatura, como Ella misma se ve obligada a confesarlo no obstante su profunda humildad: ¡El Poderoso ha hecho obras grandes por mí! (Lc. 1,49) El mundo los desconoce porque es incapaz e indigno de conocerlo.

7. Los santos han dicho cosas admirables de esta ciudad Santa de Dios. Y, según ellos mismo testifican, nunca han estado tan elocuentes ni se han sentido tan felices como al hablar de Ella. Todos a una proclaman que la altura de sus méritos, elevados por Ella hasta el trono de la Divinidad, es inaccesible; la grandeza de su poder, que se extiende hasta sobre el mismo Dios, es incomprensible. Y, en fin, la profundidad de su humildad y de todas sus virtudes y gracias es un abismo insondable. ¡Oh altura incomprensible! ¡Oh anchura inefable! ¡Oh grandeza sin medida! ¡Oh abismo impenetrable!

8. Todos los días, del uno al otro confín de la tierra, en lo más alto del cielo y en lo más profundo de los abismos, todo pregona y exalta a la admirable María. Los nueve coros angélicos, los hombres de todo sexo, edad y condición, religión, buenos y malos, y hasta los mismo demonios, de grado o por fuerza, se ven obligados por la evidencia de la verdad a proclamarla bienaventurada. Todos los ángeles en el cielo dice San

Buenaventura le repiten continuamente: "¡Santa, santa, santa María! ¡Virgen y Madre de Dios!" y le ofrecen todos los días millones y millones de veces la salutación angélica: "Dios te salve, María...", inclinándose ante Ella y suplicándole que, por favor, los honre con alguno de sus mandatos. "San Miguel llega a decir San Agustín aun siendo el príncipe de toda la milicia celestial, es el más celoso en rendirle y hacer que otros le rindan toda clase de honores, esperando siempre sus órdenes para volar en socorro de alguno de sus servidores".

9. Toda la tierra está llena de su gloria, particularmente entre los cristianos que la han escogido por tutela y patrona de varias naciones, provincias, diócesis y ciudades. ¡Cuántas catedrales no se hallan consagradas a Dios bajo su advocación! ¡No hay iglesia sin un altar en su honor, ni comarca ni religión donde no se dé culto a alguna de sus imágenes milagrosas, donde se cura toda suerte de enfermedades y se obtiene toda clase de bienes! ¡Cuántas cofradías y congregaciones en su honor! ¡Cuántos institutos religiosos colocados bajo su nombre y protección! ¡Cuántos congregantes en las asociaciones piadosas, cuántos religiosos en todas las Ordenes! ¡Todos publican sus alabanzas y proclaman sus misericordias! No hay siquiera un pequeñuelo que, al balbucir el Avemaría, no la alabe. Ni apenas un pecador que, aunque obstinado, no conserve alguna chispa de confianza en Ella. Ni siquiera un solo demonio en el infierno que, temiéndola, no la respete.

10. Es, por tanto, justo y necesario repetir con los santos: DE MARIA NUNQUAM SATIS. María no ha sido aún alabada, ensalzada, honrada y servida como se debe. Merece aún mejores alabanzas, respeto, amor y servicio.

11. Debemos decir también con el Espíritu Santo: "Toda la gloria de la Hija del rey está en su interior" (Sal 44, 14). Como si toda la gloria exterior que el cielo y la tierra le rinden a porfía, fuera nada en comparación con la que recibe interiormente de su Creador y que es desconocida a creaturas insignificantes, incapaces de penetrar el secreto de los secretos del Rey.

12. Debemos también exclamar con el Apóstol: "El ojo no ha visto, el oído no ha oído, a nadie se le ocurrió pensar..." (1 Cor 2,9) las bellezas, grandezas y excelencias de María, milagro de los milagros de la gracia, de la naturaleza y de la gloria. "Si quieres comprender a la Madre dice un santo trata de comprender al Hijo. Pues Ella es digna Madre de Dios" ¡Enmudezca aquí toda lengua!

13. El corazón me ha dictado cuanto acabo de escribir con alegría particular para demostrar que la excelsa María ha permanecido hasta ahora desconocida y que ésta es una de las razones de que Jesucristo no sea todavía conocido como debe serlo. De suerte que si el conocimiento y reinado de Jesucristo han de dilatarse en el mundo como ciertamente sucederá esto acontecerá como consecuencia necesaria del conocimiento y reinado de la Santísima Virgen, quien

lo trajo al mundo la primera vez y lo hará resplandecer, la segunda.

Con María, TODO
Sin ella, NADA

CAPÍTULO PRIMERO

María en la historia de la salvación

Necesidad del Culto a María.

14. Confieso con toda la iglesia que siendo María una simple creatura salida de las manos del Altísimo, comparada con tan infinita Majestad es menos que un átomo, o, mejor, es nada, porque sólo Él es EL QUE ES. Por consiguiente, este gran señor siempre independiente y suficiente a Sí mismo, no tiene ni ha tenido absoluta necesidad de la Santísima Virgen para realizar su voluntad y manifestar su gloria. Le basta querer para hacerlo todo.

15. Afirmo, sin embargo, que dadas las cosas como son habiendo querido Dios comenzar y acabar sus mayores obras por medio de la Santísima Virgen desde que la formó, es de creer que no cambiará jamás de proceder: es Dios y no cambia ni en sus sentimientos ni en su manera de obrar.

ARTÍCULO PRIMERO
Principios

PRIMER PRINCIPIO
Dios quiso servirse de María en la Encarnación

Dios Padre y María

16. Dios Padre entregó su Unigénito al mundo solamente por medio de María. Por más suspiros que hayan exhalado los patriarcas, por más ruegos que hayan elevado los profetas y santos de la antigua ley durante 4,000 años a fin de obtener dicho tesoro, solamente María lo ha merecido y ha hallado gracia delante de Dios por la fuerza de su plegaria y la elevación de sus virtudes. El mundo era indigno dice San Agustín de recibir al Hijo de Dios inmediatamente de manos al Padre. Quien lo entregó a María para que el mundo lo recibiera por medio de Ella. Dios Hijo se hizo hombre para nuestra salvación, pero en María y por María. Dios Espíritu Santo formó a Jesucristo en María, pero después de haberle pedido consentimiento por medio de los primeros ministros de su corte.

17. Dios Padre comunicó a María su fecundidad, en cuanto una pura creatura era capaz de recibirla para que pudiera engendrar a su Hijo y a todos los miembros de su Cuerpo Místico.

Dios Hijo y María

18. Dios Hijo descendió al seno virginal de María como nuevo Adán a su paraíso terrestre, para complacerse y realizar allí secretamente maravillas de gracia. Este Dios hombre encontró su libertad en dejarse aprisionar en su seno. Manifestó su poder dejándose llevar por esta jovencita; Cifró su gloria y la de su Padre en ocultar sus resplandores a todas las creaturas de la tierra, para no revelarlos sino a María. Glorificó su propia independencia y majestad, sometiéndose a esta Virgen amable en la concepción,

nacimiento, presentación en el templo, vida oculta de treinta años, hasta la muerte, a la que Ella debía asistir, para ofrecer con Ella un solo sacrifico y ser inmolado por su consentimiento al Padre eterno, como en otro tiempo Isaac por la obediencia de Abraham a la voluntad de Dios. Ella le amamantó, alimentó, cuidó, educó y sacrificó por nosotros.

¡Oh admirable e incomprensible dependencia de un Dios! Para mostrarnos su precio y gloria infinita, el Espíritu Santo no pudo pasarla en silencio en el Evangelio, a pesar de habernos ocultado casi todas las cosas admirables que la Sabiduría encarnada realizó durante su vida oculta. Jesucristo dio mayor gloria a Dios, su Padre, por su sumisión a María durante treinta años que la que le hubiera dado convirtiendo al mundo entero con los milagros más portentosos. ¡Oh! ¡Cuán altamente glorificamos a Dios, cuando para agradarle nos sometemos a María, a ejemplo de Jesucristo, nuestro único modelo!

19. Si examinamos de cerca el resto de la vida de Jesucristo, veremos que ha querido inaugurar sus milagros por medio de María. Por la palabra de Ella santificó a San Juan en el seno de Santa Isabel, su madre, habló María, y Juan quedó santificado. Este fue su primero y mayor milagro en el orden de la gracia. Ante la humilde plegaria de María, convirtió el agua en vino en las bodas de Caná. Era su primer milagro en el orden de la naturaleza. Comenzó y continuó sus milagros por medio de María y por medio de Ella los continuará hasta el fin de los siglos.

20. Dios Espíritu Santo, que es estéril en Dios es decir, no produce otra persona divina en la Divinidad se hizo fecundo por María, su Esposa. Con Ella, en Ella y de Ella produjo su obra maestra, que es un Dios hecho hombre, y produce todos los días hasta el fin del mundo a los predestinados y miembros de esta Cabeza adorable. Por ello, cuanto más encuentra a María, su querida e indisoluble Esposa, en una alma, tanto más poderoso y dinámico se muestra para producir a Jesucristo en esa alma y a ésta en Jesucristo.

21. No quiero decir con esto que la Santísima Virgen dé al Espíritu Santo la fecundidad, como si Él no la tuviese, ya que siendo El Dios, posee la fecundidad o capacidad de producir tanto como el Padre y el Hijo, aunque no la reduce al acto al no producirá otra persona divina. Quiero decir solamente que el Espíritu Santo, por intermedio de la Santísima Virgen de quien ha tenido a bien servirse, aunque absolutamente no necesita de Ella reduce al acto su propia fecundidad, produciendo en Ella y por Ella a Jesucristo y a sus miembros. ¡Misterio de la gracia desconocido aún por los más sabios y espirituales entre los cristianos!

SEGUNDO PRINCIPIO
Dios quiso servirse de María para la salvación de las almas

La obra de la Sma. Trinidad en María.

22. El proceder que las tres divinas personas de la Santísima Trinidad han adoptado en la Encarnación y

primera venida de Jesucristo, lo prosiguen todos los días de manera invisible en la santa iglesia y lo mantendrán hasta el fin de los siglos en la segunda venida de Jesucristo.

23. Dios Padre creó un depósito de todas las aguas y lo llamó mar. Creó un depósito de todas las gracias y lo llamó María. El Dios omnipotente posee un tesoro o almacén riquísimo en el que ha encerrado lo más hermoso, refulgente, raro y precioso que tiene, incluido su propio Hijo. Este inmenso tesoro es María, a quien los santos llaman el tesoro del Señor, de cuya plenitud se enriquecen los hombres.

24. Dios Hijo comunicó a su Madre cuanto adquirió mediante su vida y muerte, sus méritos infinitos y virtudes admirables, y la constituyó tesorera de todo cuanto el Padre le dio en herencia. Por medio de Ella aplica sus méritos a sus miembros, les comunica virtudes y les distribuye sus gracias. María constituye su canal misterioso, su acueducto, por el cual hace pasar suave y abundantemente sus misericordias.

25. Dios Espíritu Santo comunicó a su fiel Esposa, María, sus dones inefables y la escogió por dispensadora de cuanto posee. De manera que Ella distribuye a quien quiere, cuanto quiere, como quiere y cuando quiere todos sus dones y gracias. Y no se concede a los hombres ningún don celestial que no pase por sus manos virginales. Porque tal es la voluntad de Dios que quiere que todo lo tengamos por María. Y porque así será enriquecida, ensalzada y honrada por el

Altísimo la que durante su vida se empobreció, humilló y ocultó hasta el fondo de la nada por su humildad. Estos son los sentimientos de la iglesia y de los Santos Padres.

26. Si yo hablara a ciertos sabios actuales, probaría cuanto afirmo sin más, con textos de la Sagrada Escritura y de los Santos Padres, citando al efecto sus pasajes latinos, y con otras sólidas razones, que se pueden ver largamente expuestas por el R. P. Poiré en u Triple Corona de la Santísima Virgen. Pero estoy hablando de modo especial a los humildes y sencillos. Que son personas de buena voluntad, tienen una fe más robusta que la generalidad de los sabios y creen con mayor sencillez y mérito. Por ello me contento con declararles sencillamente la verdad, sin detenerme a citarle los pasajes latinos, que no entiende. Aunque no renuncio a citar algunos, pero sin esforzarme por buscarlos. Prosigamos.

Jesucristo, hijo de María

27. La gracia perfecciona a la naturaleza, y la gloria, a la gracia. Es cierto, por tanto, que el Señor es todavía en el cielo Hijo de María como lo fue en la tierra y, por consiguiente, conserva para con Ella la sumisión y obediencia del mejor de todos los hijos para con la mejor de todas las madres. No veamos, sin embargo, en esta dependencia ningún desdoro o imperfección en Jesucristo. María es infinitamente inferior a su Hijo, que es Dios. Y por ello, no le manda como haría una mare a su hijo de aquí abajo, que es inferior a ella.

María, toda trasformada en Dios por la gracia y la gloria, que transforma en El a todos los santos no le pide, quiere ni hace nada que sea contrario a la eterna e inmutable voluntad de Dios. Por tanto, cuando leemos en San Bernardo, San Buenaventura, San Bernardino y otros, que en el cielo y en la tierra todo inclusive el mismo Dios está sometido a la Santísima Virgen, quieren decir que la autoridad que Dios le confirió es tan grande que parece como si tuviera el mismo poder de Dios y que sus plegarias y súplicas son tan poderosas ante Dios que valen como mandatos ante la divina Majestad. La cual no desoye jamás las súplicas de su querida Madre, porque son siempre humildes y conformes a la voluntad divina.

Si Moisés, con la fuerza de su plegaria, contuvo la cólera divina contra los Israelitas en forma tan eficaz que el Señor altísimo e infinitamente misericordioso, no pudiendo resistirle, le pidió que le dejase encolerizarse y castigar a ese pueblo rebelde, ¿qué debemos pensar con mayor razón de los ruegos de la humilde María, la digna Madre de Dios, que son más poderosos delante del Señor, que las súplicas e intercesiones de todos los ángeles y santos del cielo y de la tierra?

María es Reina

28. María impera en el cielo sobre los ángeles y bienaventurados. En recompensa a su profunda humildad, Dios le ha dado el poder y la misión de llenar de santos los tronos vacíos, de donde por orgullo cayeron los ángeles apóstatas. Tal es la voluntad del

Altísimo que exalta siempre a los humildes: que el cielo, la tierra y los abismos se sometan, de grado o por fuerza, a las órdenes de la humilde María, a quien ha constituido Soberana del cielo y de la tierra, capitana de sus ejércitos, tesorera de sus riquezas, dispensadora del género humano, mediadora de los hombres, exterminadora de los enemigos de Dios y fiel compañera de su grandeza y de sus triunfos.

29. Dios Padre quiere formarse hijos por medio de María hasta la consumación del mundo y le dice: Pon tu tienda en Jacob, es decir, fija tu morada y residencia en mis hijos y predestinados, simbolizados por Jacob, y no en los hijos del demonio, los réprobos, simbolizados por Esaú.

Dios por Padre, María por madre.

30. Así como en la generación natural y corporal concurren el padre y la madre, también en la generación sobrenatural y espiritual hay un Padre, que es Dios, y una Madre, que es María. Todos los verdaderos hijos de Dios y predestinados tienen a Dios por Padre y a María por Madre. Y quien no tenga a María por Madre, tampoco tiene a Dios por Padre. Por esto los réprobos como los herejes, cismáticos, etc., que odian o miran con desprecio o indiferencia a la Santísima Virgen no tienen a Dios por Padre aunque se jacten de ello porque no tienen a María por Madre. Que si la tuviesen por tal, la amarían y honrarían, como el buen hijo ama y honra naturalmente a la madre que le dio la vida.

La señal más infalible y segura para distinguir a un hereje, a un hombre de perversa doctrina, a un réprobo de un predestinado, es que el hereje y el réprobo no tienen sino desprecio o indiferencia para con la Santísima Virgen, cuyo culto y amor procuran disminuir con sus palabras y ejemplos, abierta u ocultamente y, a veces, con pretextos aparentemente válidos. ¡Ay! Dios Padre no ha dicho a María que establezca en ellos su morada porque son los Esaús.

31. Dios Hijo quiere formarse por medio de María, y por decirlo así, encarnarse todos los días en los miembros de su Cuerpo Místico y le dice: Entra en la heredad de Israel. Como si dijera: Dios, mi Padre, me ha dado en herencia todas las naciones de la tierra, todos los hombres buenos y malos, predestinados y réprobos: regiré a los primeros con cetro de oro, a los segundos justo vengador, de todos seré juez. Tú, en cambio, querida Madre Mía, tendrás por heredad y obsesión solamente a los predestinados, simbolizados por Israel: como buena madre suya, tú los darás a luz, los alimentarás y harás crecer y, como su soberana, los guiarás, gobernarás y defenderás.

32. "Uno por todos han nacido en ella", dice el Espíritu Santo. Según la explicación de algunos Padres, un primer hombre nacido de María es el Hombre-Dios, Jesucristo, el segundo es un hombre-hombre, hijo de Dios y de María por adopción. Ahora bien, si Jesucristo, Cabeza de la humanidad, ha nacido de Ella, los predestinados, que son los miembros de esta Cabeza, deben también, por consecuencia necesaria,

nacer de Ella. Ninguna madre da a luz la cabeza sin los miembros ni los miembros sin la cabeza: de lo contrario, aquello sería un monstruo de la naturaleza. Del mismo modo, en el orden de la gracia, la Cabeza y los miembros nacen de la misma madre. Y si un miembro del Cuerpo Místico de Jesucristo, es decir, un predestinado, naciese de una Madre que no sea María la que engendró a la Cabeza, no sería predestinado ni miembro de Jesucristo, sino un monstruo en el orden de la gracia.

33. Más aún, Jesucristo es hoy, como siempre, fruto de María. El cielo y la tierra se lo repiten millares de veces cada día: "Y bendito es el fruto de tu vientre, Jesús". Es indudable, por tanto, que Jesucristo es tan verdaderamente fruto y obra de María para cada hombre en particular que lo posee, como para todo el mundo en general. ¡De modo que si algún fiel tiene a Jesucristo formado en su corazón, puede decir con osadía: "Gracias mil a María: lo que poseo es obra y fruto suyo y sin Ella no lo tendría!" Y se pueden aplicar a María, con mayor razón que San Pablo se las aplicaba a sí mismo, estas palabras: "¡Hijitos míos!, de nuevo sufro los dolores del alumbramiento hasta que Cristo se forme en ustedes". Todos los días doy a luz a los hijos de Dios, hasta que se conformen a Jesucristo, mi Hijo, en madurez perfecta.

San Agustín, excediéndose a sí mismo y a cuanto acabo de decir, afirma que todos los predestinados para conformarse a la imagen del Hijo de Dios están ocultos, mientras viven en este mundo, en el seno de la Santísima Virgen, donde esta Madre bondadosa los protege, alimenta, mantiene y hace crecer hasta que los da a luz para la gloria después de la muerte, que es, a decir verdad, el día de su nacimiento, como llama la iglesia a la muerte de los justos. ¡Oh misterio de gracia, desconocido de los réprobos y poco conocido de los predestinados!

34. Dios Espíritu Santo quiere formarse elegidos en Ella y por Ella y le dice: "En el pueblo glorioso echa raíces". Echa, querida Esposa mía, las raíces de todas tus virtudes en mis elegidos, para que crezcan de virtud en virtud y de gracia en gracia. Me agradé tanto en ti, mientras vivías sobre la tierra practicando las más sublimes virtudes, que aún ahora deseo hallarte en la tierra sin que dejes de estar en el cielo. Reprodúcete, para ello, en mis elegidos, para que crezcan de virtud en virtud y de gracia en gracia. Me agradé tanto en ti, mientras vivías sobre la tierra practicando las más sublimes virtudes, que aún ahora deseo hallarte en la tierra sin que dejes de estar en el cielo. Reprodúcete, para ello, en mis elegidos. Tenga yo el placer de ver en ellos las raíces de tu fe invencible, de tu humildad profunda, de tu mortificación universal, de tu oración sublime, de tu caridad ardiente, de tu esperanza firme y de todas sus virtudes. Tú eres, como siempre, mi Esposa fiel, pura y fecunda. Tu fe me procure fieles, tu pureza me dé vírgenes; tu fecundidad, elegidos y templos.

35. Cuando María ha echado raíces en un alma, realiza allí las maravillas de la gracia que sólo Ella puede

realizar, porque Ella sola es Virgen fecunda, que no tuvo ni tendrá jamás semejante en pureza y fecundidad.

María ha colaborado con el Espíritu Santo a la obra de los siglos, es decir, la Encarnación del Verbo. En consecuencia, Ella realizará también los mayores portentos de los últimos tiempos: la formación y educación de los grandes santos, que vivirán hacia el fin del mundo, están reservadas a Ella, porque sólo esta Virgen singular y milagrosa puede realizar en unión del Espíritu Santo, las cosas singulares y extraordinarias.

36. Cuando el Espíritu Santo, su Esposo, la encuentra en un alma, vuela y entra en esa alma en plenitud y se le comunica tanto más abundantemente cuanto más sitio hace el alma a su Esposa. Una de las razones principales de que el Espíritu Santo no realice maravillas portentosas en las almas, es que no encuentra en ellas una unión suficientemente estrecha con su fiel e indisoluble Esposa. Digo "fiel e indisoluble Esposa", porque desde que este Amor sustancial del Padre y del Hijo, se desposó con María para producir a Jesucristo, Cabeza de los elegidos, y a Jesucristo en los elegidos, jamás la ha repudiado, porque Ella se ha mantenido siempre fiel y fecunda.

ARTÍCULO SEGUNDO
Consecuencias.

PRIMERA CONSECUENCIA
María es Reina de los corazones

37. De lo que acabo de decir se sigue evidentemente: En primer lugar, que María ha recibido de Dios un gran

dominio sobre las almas de los elegidos. Efectivamente, no podía fijar en ellos su morada, como el Padre le ha ordenado, ni formarlos, alimentarlos, darlos a luz para la eternidad como madre suya, poseerlos como propiedad personal, formarlos en Jesucristo y a Jesucristo en ello, echar en sus corazones las raíces de sus virtudes y ser la compañera indisoluble del Espíritu Santo para todas las obras de la gracia... No puede, repito, realizar todo esto, si no tiene derecho ni dominio sobre sus almas por gracia singular del Altísimo, que, habiéndole dado poder sobre su Hijo único y natural, se lo ha comunicado también sobre sus hijos adoptivos, no sólo en cuanto al cuerpo lo que sería poca cosa sino también en cuanto al alma.

38. María es la Reina del cielo y de la tierra, por gracia, como Cristo es su Rey por naturaleza y por conquista. Ahora bien, así como el reino de Jesucristo consiste principalmente en el corazón o interior del hombre, según estas palabras: "El reino de Dios está en medio de ustedes", del mismo modo, el reino de la Virgen María está principalmente en el interior del hombre, es decir, en su alma. Ella es glorificada sobre todo en las almas juntamente con su Hijo más que en todas las creaturas visibles, de modo que podemos llamarla con los Santos: Reina de los corazones.

SEGUNDA CONSECUENCIA
María es necesaria a los hombres.

39. Segunda conclusión. Dado que la Santísima Virgen fue necesaria a Dios, con necesidad llamada hipotética,

es decir, proveniente de la voluntad divina, debemos concluir que es mucho más necesaria a los hombres para alcanzar la salvación. La devoción a la Santísima Virgen no debe, pues, confundirse con las devociones a los demás santos, como si no fuese más necesaria que ellas y sólo de superogación.

1) La devoción a la Virgen María es necesaria a todos para salvarse

40. El doctor y piadoso Suárez, S. J., el sabio y devoto Justo Lipsio, doctor de Lovaina y muchos otros, han demostrado con pruebas irrefutables tomadas de los Padres como San Agustín, San Efrén, diácono de Edesa, San Cirilo de Jerusalén, San Germán de Constantinopla, San Juan Damasceno, San Anselmo, San Bernardo, San Bernardino, Santo Tomás y San Buenaventura que la devoción a la Santísima Virgen es necesaria para la salvación y que, así como es señal infalible de reprobación según lo han reconocido el mismo Ecolampadio y otros herejes el no tener estima y amor a la Santísima Virgen, del mismo modo es signo infalible de predestinación el entregarse a Ella y serle entera y verdaderamente devoto.

41. Las palabras y figuras del Antiguo y del Nuevo Testamento lo demuestran. El sentir y ejemplo de los santos lo confirman. La razón y la experiencia lo enseñan y demuestran. El demonio mismo y sus secuaces, impelidos por la fuerza de la verdad, se han visto obligados a confesarlo muchas veces, a pesar suyo. De todos los pasajes de los Santos Padres y

Doctores de los cuales he elaborado una extensa colección para probar esta verdad presento solamente uno para no ser prolijo: "Ser devoto tuyo, oh María, dice San Juan Damasceno es un arma de salvación que Dios ofrece a los que quiere salvar".

42. Podría referir aquí varias historias que comprueban esto. Entre otras:

1º La que se cuenta en las crónicas de San Francisco: cuando vio en éxtasis una larga escalera que llegaba hasta el cielo y en cuya cima estaba la Santísima Virgen. Se le indicó que para llegar al cielo era necesario subir por dicha escalera.

2º La que se refiere en las crónicas de Santo Domingo. Cerca de Carcasona, donde el Santo predicaba el Rosario, quince mil demonios que se habían apoderado de un desgraciado hereje, se vieron forzados a confesar, con gran confusión suya, por mandato de la Santísima Virgen, muchas, grandes y consoladoras verdades referentes a la devoción a María, con tal fuerza y claridad que, por poco devoto que seas de la Santísima Virgen, no podrás leer esta auténtica historia y el panegírico que el demonio, a pesar suyo, hizo de esta devoción, sin derramar lágrimas de alegría.

**1) La devoción a la Virgen María
es aún más necesaria a aquellos que son llamados a
una particular perfección de vida**

43. Si honrar a María Santísima, es necesario a todos los hombres para alcanzar su salvación, lo es mucho

más a los que son llamados a un perfección particular. Creo personalmente que nadie puede llegar a un íntima unión con el Señor y a una fidelidad perfecta al Espíritu Santo, sin una unión muy estrecha con la Santísima Virgen y una verdadera dependencia de su socorro.

44. Sólo María halló gracia delante de Dios, sin auxilio de ninguna creatura. Sólo por Ella han hallado gracia ante Dios cuantos después de Ella la han hallado y sólo por Ella la encontrarán cuantos la hallarán en el futuro. Ya estaba llena de gracia cuando la saludó el arcángel San Gabriel. María quedó sobreabundantemente llena de gracia, cuando el Espíritu Santo la cubrió con su sombra inefable. Y siguió creciendo de día en día y de momento en momento en esta doble plenitud de tal manera que llegó a un grado inmenso e incomprensible. Por ello, el Altísimo le ha constituido tesorera única de sus tesoros y única dispensadora de sus gracias para que embellezca, levante y enriquezca a quien Ella quiera; introduzca, a pesar de todos los obstáculos, por la angosta senda de la vida a quien Ella quiera; y dé el trono, el cetro y la corona regia a quien Ella quiera-Jesús es siempre y en todas partes el fruto y el Hijo de María y María es en todas partes el verdadero árbol que lleva el fruto de vida y la verdadera Madre que lo produce.

45. Sólo a María ha entregado Dios las llaves que dan entrada a la intimidad del amor divino y el poder de dar entrada a los demás por los caminos más sublimes y secretos de la perfección.

Sólo María permite la entrada en el paraíso terrestre a los pobres hijos de la Eva infiel para pasearse allí agradablemente con Dios, esconderse de sus enemigos con seguridad, alimentarse deliciosamente sin temer ya a la muerte del fruto de los árboles de la vida y de la ciencia del bien y del mal, y beber a boca llena las aguas celestiales de la hermosa fuente que allí mana en abundancia. Mejor dicho, siendo Ella misma este paraíso terrestre o esta tierra virgen y bendita de la que fueron arrojados Adán y Eva pecadores, permite entrar solamente a aquellos a quienes le place para hacerlos llegar a la santidad.

46. De siglo en siglo, pero de modo especial hacia el fin del mundo, todos los "ricos del pueblo suplicarán tu rostro". San Bernardo comenta así estas palabras del Espíritu Santo: los mayores santos, las personas más ricas en gracia y virtud son los más asiduos en rogar a la Santísima Virgen y contemplarla siempre como el modelo perfecto a imitar y la ayuda eficaz que les debe socorrer.

3) La devoción a la Virgen María es particularmente más necesaria en estos últimos tiempos.

47. He dicho que esto acontecerá especialmente hacia el fin del mundo y muy pronto porque el Altísimo y su Santísima Madre han de formar grandes santos que superarán en santidad a la mayoría de los otros santos cuanto los cedros del Líbano exceden a los arbustos.

Así fue revelado a un alma santa, cuya vida escribió de Renty.

48.   Estos grandes santos, llenos de gracia y dinamismo, serán escogidos por Dios para oponerse a sus enemigos, que bramarán por todas partes. Tendrán una excepcional devoción a la Santísima Virgen, quien les esclarecerá con su luz, les alimentará con su leche, les sostendrá con su brazo y les protegerá, de suerte que combatirán con una mano y construirán con la otra. Con una mano combatirán, derribarán, aplastarán a los herejes con sus herejías, a los cismáticos con sus cismas, a los idólatras con sus idolatrías y a los pecadores con sus impiedades. Con la otra edificarán el templo del verdadero Salomón y la mística ciudad de Dios, es decir, la Santísima Virgen, llamada precisamente por los Padres, Templo de Salomón y Ciudad de Dios. Con sus palabras y ejemplos atraerán a todos a la verdadera devoción a María. Esto les granjeará muchos enemigos, pero también muchas victorias y gloria para Dios solo. Así lo reveló Dios a Vicente Ferrer, gran apóstol de su siglo, como lo consignó claramente en uno de sus escritos. Es lo que parece haber predicho el Espíritu Santo con las palabras del salmista: "...Y sepan que Dios domina en Jacob, hasta los confines de la tierra. Regresan a la tarde, aúllan como perros, rondan por la ciudad en busca de comida..." Esta ciudad a la que acudirán los hombres al fin del mundo para convertirse y saciar su hambre de justicia es la Santísima Virgen a quien el Espíritu Santo llama "morada y ciudadela de Dios".

I. María en los últimos tiempos de la Iglesia

49. La salvación del mundo comenzó por medio de María y por medio de Ella debe consumarse María casi no se manifestó en la primera venida de Jesucristo, a fin de que los hombres poco instruidos e iluminados aún cerca de la persona de su Hijo, no se alejaran de la verdad aficionándose demasiado fuerte e imperfectamente a la Madre, como habría ocurrido seguramente, si Ella hubiera sido conocida, a causa de los admirables encantos que el Altísimo le había concedido aún en su exterior. Tan cierto es esto que San Dionisio Areopagita escribe que cuando la vio, la hubiera tomado por una divinidad, a causa de sus secretos encantos e incomparable belleza, si la fe en la que se hallaba bien cimentado no le hubiera enseñado lo contrario.

Pero, en la segunda venida de Jesucristo, María tiene que ser conocida y puesta de manifiesto por el Espíritu Santo, a fin de que por Ella Jesucristo sea conocido, amado y servido. Pues ya no valen los motivos que movieron al Espíritu Santo a ocultar a su Esposa durante su vida y manifestarla sólo parcialmente aun después de la predicación del Evangelio.

50. Dios quiere, pues, revelar y manifestar a María, la obra maestra de sus manos, en estos últimos tiempos.

1º Porque Ella se ocultó en este mundo y se colocó más baja que el polvo por su profunda humildad, habiendo alcanzado de Dios, de los Apóstoles y Evangelistas que no la dieran a conocer.

2° Porque Ella es la obra maestra de las manos de Dios, tanto en el orden de la gracia como en el de la gloria y El quiere ser glorificado y alabado en la tierra por los hombres.

3° Porque Ella es la aurora que precede y anuncia al Sol de Justicia, Jesucristo, y por lo mismo, debe ser conocida y manifestada, si queremos que Jesucristo lo sea.

4° Porque Ella es el camino por donde vino Jesucristo a nosotros la primera vez y lo será también cuando venga la segunda, aunque de modo diferente.

5° Porque Ella es el medio seguro y el camino directo e inmaculado para ir a Jesucristo y hallarlo perfectamente. Por ella deben resplandecer en santidad. Quien halla a María, halla la vida, es decir, a Jesucristo, que es el Camino, la Verdad y la Vida. Ahora bien, no se puede hallar a María sino se la busca, ni buscarla si no se la conoce, pues no se busca ni desea lo que no se conoce. Es, por tanto, necesario que María sea mejor conocida que nunca, para mayor conocimiento y gloria de la Santísima Trinidad.

6° Porque María debe resplandecer más que nunca en los últimos tiempos en misericordia, poder y gracia:

· En misericordia, para recoger y acoger amorosamente a los pobres pecadores y a los extraviados que se convertirán y volverán a la Iglesia católica;

· En poder, contra los enemigos de Dios, los idólatras, cismáticos, mahometanos, judíos e impíos endurecidos que se rebelarán terriblemente para seducir y hacer caer, con promesas y amenazas, a cuantos se les opongan,

· En gracia, finalmente, para animar y sostener a los valientes soldados y fieles servidores de Jesucristo, que combatirán por los intereses del Señor,

7º Por último, porque María debe ser terrible al diablo y a sus secuaces "como un ejército en orden de batalla" sobre todo en estos últimos tiempos, porque el diablo sabiendo que le queda poco tiempo y menos que nunca para perder a las gentes, redoblará cada día sus esfuerzos y ataques. De hecho, suscitará a en breve crueles persecuciones y tenderá terribles emboscadas a los fieles servidores y verdaderos hijos de María, a quienes le cuesta vencer mucho más que a los demás.

51. A estas últimas y crueles persecuciones de Satanás, que aumentarán de día en día hasta que llegue el anticristo, debe referirse sobre todo aquella primera y célebre predicación y maldición lanzada por Dios contra la serpiente en el paraíso terrestre. Nos parece oportuno explicarla aquí, para la gloria de la Santísima Virgen, salvación de sus hijos y confusión de los demonios: "Haré que haya enemistad entre ti y la mujer, entre tu descendencia y la suya, ésta te pisará la cabeza mientras tú te abalanzarás sobre tu talón".

52. Dios ha hecho y preparado una sola e irreconciliable enemistad, que durará y se intensificará hasta el fin. Y es entre María, su digna Madre, y el diablo; entre los hijos y servidores de la Santísima Virgen y los hijos y secuaces de Lucifer. De suerte que el enemigo más terrible que Dios ha suscitado como Satanás es María, su Santísima Madre. Ya desde el paraíso terrenal aunque María sólo estaba entonces en

la mente divina le inspiró tanto odio contra ese maldito enemigo de Dios, le dio tanta sagacidad para descubrir la malicia de esa antigua serpiente y tanta fuerza para vencer, abatir y aplastar a ese orgulloso impío, que el diablo la teme no sólo más que a todos los ángeles y hombres, sino en cierto modo más que al mismo Dios. No ya porque la ira, odio y poder divinos no sean infinitamente mayores que los de la Santísima Virgen, cuyas perfecciones son limitadas, sino:

1º Porque Satanás, que es tan orgulloso sufre infinitamente más al verse vencido y castigado por una sencilla y humilde esclava de Dios y la humildad de la Virgen lo humilla más que el poder divino;

2º Porque Dios ha concedido a María un poder tan grande contra los demonios que como a pesar suyo se han visto muchas veces obligados a confesarlo por boca de los posesos tienen más miedo a un solo suspiro de María a favor de una persona, que a las oraciones de todos los santos y a una sola amenaza suya contra ellos más que a todos los demás tormentos.

53. Lo que Lucifer perdió por orgullo, lo ganó María con la humildad. Lo que Eva condenó y perdió por desobediencia, lo salvó María con la obediencia. Eva, al obedecer a la serpiente, se hizo causa de perdición para sí y para todos sus hijos, entregándolos a Satanás; María, al permanecer perfectamente fiel a Dios, se convirtió en causa de salvación para sí y para todos sus hijos y servidores, consagrándolos al Señor.

54. Dios nos puso solamente una enemistad, sino enemistades, y no sólo entre María y Lucifer, sino

también entre la descendencia de la Virgen y la del demonio. Es decir: Dios puso enemistades, antipatías y los odios secretos entre los verdaderos hijos y servidores de la Santísima Virgen y los hijos y esclavos del diablo: no pueden amarse ni entenderse unos a otros.

Los hijos de Belial, los esclavos de Satanás, los amigos de este mundo de pecado ¡todo viene a ser lo mismo! han perseguido siempre y perseguirán más que nunca de hoy en adelante a quienes pertenezcan a la Santísima Virgen, como en otro tiempo Caín y Esaú figuras de los réprobos persiguieron a sus hermanos Abel y Jacob figuras de los predestinados. Pero la humilde María triunfará siempre sobre aquel orgulloso y con victoria tan completa que llegará a aplastarle la cabeza, donde reside su orgullo. ¡María descubrirá siempre su malicia de serpiente, manifestará sus tramas infernales, desvanecerá sus planes diabólicos y defenderá hasta el fin a sus servidores de aquellas garras mortíferas! El poder de María sobre todos los demonios resplandecerá, sin embargo, de modo particular en los últimos tiempos, cuando Satanás pondrá asechanzas a su calcañar, o sea, a sus humildes servidores y pobres a juicio del mundo; humillados delante de todos; rebajados y oprimidos como el calcañar respecto de los demás miembros del cuerpo. Pero, en cambio, serán ricos en gracias y carismas, que María les distribuirá con abundancia, grandes y elevados en santidad delante de Dios, superiores a cualquier otra creatura por su celo ardoroso; y tan fuertemente apoyados en el socorro divino que, con la humildad de su calcañar y unidos a María, aplastarán la cabeza del demonio y harán triunfar a Jesucristo.

II. María y los apóstoles de los últimos tiempos

55. Si, Dios quiere que su Madre Santísima, sea ahora más conocida, amada y honrada que nunca. Lo que sucederá sin duda, si los predestinados, con la gracia y luz del Espíritu Santo, entran y penetran en la práctica interior y perfecta de la devoción que voy a manifestarles en seguida. Entonces verán, en cuanto lo permita la fe, a esta hermosa estrella del mar y, guiados por Ella, llegará a puerto seguro, a pesar de las tempestades y de los piratas. Entonces conocerán las grandezas de esta Soberana y se consagrarán enteramente a su servicio como súbditos y esclavos de amor. Entonces saborearán sus dulzuras y bondades maternales y la amarán tiernamente como sus hijos predilectos. Entonces experimentarán las misericordias en que Ella reboza y la necesidad en que están de su socorro, recurrirán en todo a Ella, como a su querida Abogada y Medianera ante Jesucristo. Entonces sabrán que María es el medio más seguro, fácil, corto y perfecto para llegar hasta Jesucristo y se consagrarán a Ella en cuerpo y alma sin reserva alguna, para pertenecer del mismo modo a Jesucristo.

56. Pero, ¿qué serán estos servidores, esclavos e hijos de María? Serán fuego encendido, ministros del Señor, que prenderán por todas partes el fuego del amor divino.

Serán flechas agudas en la mano poderosa de María para atravesar a sus enemigos: como saetas en mano de un valiente.

Serán hijos de Leví, bien purificados por el fuego de grandes tribulaciones y muy unidos a Dios. Llevarán en el corazón el fuego del amor, el incienso de la oración en el espíritu y en el cuerpo la mirra de la mortificación.

Serán en todas partes el buen olor de Jesucristo para los pobres y sencillos; pero para los grandes, los ricos y mundanos orgullosos serán olor de muerte.

57. Serán nubes tronales y volantes, en el espacio, al menor soplo del Espíritu Santo. Sin apegarse a nada ni asustarse, ni inquietarse por nada, derramarán la lluvia de la palabra de Dios y de la vida eterna, tronarán contra el pecado, lanzarán rayos contra el mundo del pecado, descargarán golpes contra el demonio y sus secuaces y con la espada de dos filos de la palabra de Dios traspasarán a todos aquellos a quienes sean enviados de parte del Altísimo.

58. Serán los apóstoles auténticos de los últimos tiempos. A quienes el Señor de los ejércitos dará la palabra y la fuerza necesarias para realizar maravillas y ganar gloriosos despojos sobre sus enemigos. Dormirán sin oro ni plata y lo que más cuenta sin preocupaciones en medio de los demás sacerdotes, eclesiásticos y clérigos. Tendrán sin embargo, las alas plateadas de la paloma, para volar con la pura intención de la gloria de Dios y de la salvación de los hombres adonde los llame el Espíritu Santo. Y no dejarán en pos

de sí en los lugares en donde prediquen sino el oro de la caridad, que es el cumplimiento de toda ley.

59. Por último, sabemos que serán verdaderos discípulos de Jesucristo. Caminando sobre las huellas de su pobreza, humildad, desprecio de lo mundano y caridad evangélica, enseñarán la senda estrecha de Dios en la pura verdad, conforme al Evangelio y no a los códigos mundanos, sin inquietarse por nada ni hacer acepción de personas, sin dar oídos ni escuchar ni temer a ningún mortal por poderoso que sea.

Llevarán en la boca la espada de dos filos de la palabra de Dios, sobre sus hombros el estandarte ensangrentado de la cruz, en la mano derecha el crucifijo, el Rosario en la izquierda, los sagrados nombres de Jesús y María en el corazón y en toda su conducta la modestia y mortificación de Jesucristo.

Tales serán los grandes hombres que vendrán y a quienes María formará por orden del Altísimo para extender su imperio sobre el de los impíos, idólatras y mahometanos. Pero, ¿cuándo y cómo sucederá esto?... ¡Sólo Dios lo sabe! A nosotros toca callar, orar, suspirar y esperar: "Yo esperaba con ansia".

CAPÍTULO SEGUNDO

Verdades fundamentales de la devoción a María

60. Acabo de exponer brevemente que el culto a la Santísima Virgen nos es necesario. Es preciso decir ahora en qué consiste. Lo haré, Dios mediante, después de clarificar algunas verdades fundamentales que iluminarán la grande y sólida devoción que quiero dar a conocer a Jesucristo, fin último del culto a la Santísima Virgen

ARTÍCULO PRIMERO
Jesucristo es el fin último de la devoción a María.

61. El fin último de toda devoción debe ser Jesucristo, Salvador del mundo, verdadero Dios y verdadero hombre. De lo contrario, tendríamos una devoción falsa y engañosa. Jesucristo es el Alfa y la Omega, el principio y fin de todas las cosas. La meta de nuestro misterio escribe San Pablo "es que todos juntos nos encontremos unidos en la misma fe... y con eso se logrará el hombre perfecto que, en la madurez de su desarrollo, es la plenitud de Cristo". Efectivamente, sólo en Cristo "permanece toda la plenitud de Dios, en forma corporal" y todas las demás plenitudes de gracia, virtud y perfección. Sólo en Cristo hemos sido beneficiados "con toda clase de bendiciones espirituales".

Porque Él es el único Maestro que debe enseñarnos, el único Señor de quien debemos depender, la única

Cabeza a la que debemos estar unidos, el único Modelo a quien debemos conformarnos, el único Médico que debe curarnos, el único Pastor que debe apacentarnos, el único Camino que debe conducirnos, la única Verdad que debemos creer, la única Vida que debe vivificarnos y el único Todo que en todo debe bastarnos. "No se ha dado a los hombres sobre la tierra otro Nombre por el cual podamos ser salvados", sino el de Jesús.

Dios no nos ha dado otro fundamento de salvación, perfección y gloria, que Jesucristo. Todo edificio que no esté construido sobre la roca firme, se apoya en arena movediza y tarde o temprano caerá infaliblemente.

Quien no esté unido a Cristo como el sarmiento a la vid, caerá, se secará y lo arrojará al fuego. Sí en cambio; permanecemos en Jesucristo y Jesucristo en nosotros, se acabó para nosotros la condenación, ni los ángeles del cielo, ni los hombres de la tierra, ni los demonios del infierno, ni creatura alguna podrá hacernos daño, porque nadie podrá separarnos de la caridad de Dios que está en Cristo Jesús.

Por Jesucristo, con Jesucristo, en Jesucristo lo podemos todo: tribular al Padre en unidad del Espíritu Santo todo honor y gloria, hacernos perfectos y ser olor de vida eterna para nuestro prójimo.

62. Por tanto, si establecemos la sólida devoción a la Santísima Virgen es sólo para establecer más perfectamente la de Jesucristo y ofrecer un medio fácil y seguro para encontrar al Señor. Si la devoción a la Santísima Virgen apartarse de Jesucristo, habría que

rechazarla como ilusión diabólica. Pero como ya he demostrado y volveré a demostrarlo más adelante sucede todo lo contrario. Esta devoción es necesaria para hallar perfectamente a Jesucristo, amarlo con ternura y servirlo con fidelidad.

63. Me dirijo a Ti, por un momento, mi amabilísimo Jesús, para quejarme amorosamente ante tu divina Majestad, de que la mayor parte de los cristianos, aún los más instruidos, ignoran la estrechísima unión que te liga a tu Madre Santísima Tú, Señor, estás siempre con María y María está siempre contigo: de lo contrario dejaría de ser lo que es; María está de tal manera trasformada en Ti por la gracia, que Ella ya no vive ni es nada: Tú, Jesús mío, vives y reinas en Ella más perfectamente que en todos los ángeles y santos.

¡Ah! Si te conociera la gloria y amor que recibes en esta creatura admirable, ¡Se tendrían hacia Ti y hacia Ella sentimientos muy diferentes de los que aho9ra se tienen! Ella se halla tan íntimamente unida a Ti que sería más fácil o separar la luz del sol, el calor del fuego, más aún, sería más fácil separar de Ti a todos los ángeles y santos que a la excelsa María: porque Ella te ama más ardientemente y te glorifica con mayor perfección que todas las demás creaturas juntas.

64. ¿No será, pues, extraño y lamentable, amable Maestro mío, el ver la ignorancia y oscuridad de todos los hombres respecto a tu santísima Madre? No hablo de tantos idólatras y paganos: no conociéndote a Ti, tampoco a Ella la conocen. Tampoco hablo de los herejes y cismáticos: separados de Ti y de tu Iglesia, no

se preocupan de ser devotos de tu Madre. Hablo, si, de los católicos y aún de los doctores entre los católicos: ellos hacen profesión de enseñar a otros la verdad, pero no te conocen ni a Ti ni a tu Madre sino de manera especulativa, árida, estéril e indiferente. Estos caballeros hablan sólo rara vez de tu Sama. Madre y del culto que se debe. Tienen miedo, según dicen, a que se deslice algún abuso y se te haga injuria al honrarla a Ella demasiado. Si ven u oyen a algún devoto de María hablar con frecuencia de la devoción hacia esta Madre amantísima, con acento filial, eficaz y persuasivo, como de un medio sólido y sin ilusiones, de un camino corto y sin peligros, de una senda inmaculada y sin imperfección y de un secreto maravilloso para encontrarte y amarte debidamente, gritan en seguida contra él, esgrimiendo mil argumentos falsos, para probarle que no hay que hablar tanto de la Virgen, que hay grandes abusos en esta devoción y que es preciso dedicarse a destruirlos, que es mejor hablar de Ti en vez de llevar a las gentes a la devoción a la Santísima Virgen a quien ya aman lo suficiente.

Si alguna vez se les oye hablar de la devoción a tu Santísima Madre, no es, sin embargo, para defenderla o inculcarla, sino para destruir sus posibles abusos. Mientras carecen de piedad y devoción tierna para contigo, porque no la tienen para con María. Consideran el Rosario, el escapulario, la corona (cinco misterios) como devociones propias de mujercillas e ignorantes, que poco importan para la salvación. De suerte que, si encuentran al algún devoto de Santa María que reza el Rosario o práctica alguna devoción en su honor, procuran cambiarle el espíritu y el corazón y le aconsejan que, en lugar del Rosario, rece los siete salmos penitenciales y, en vez de la devoción a la Santísima Virgen, le exhortan a la devoción a Jesucristo. ¡Jesús mío amabilísimo! ¿Tienen éstos tu espíritu? ¿Te agrada su conducta? ¿Te agrada quien, por temor a desagradarte, no se esfuerza por honrar a tu Madre? ¿Es la devoción a tu Santísima Madre obstáculo a la tuya? ¿Se arroga Ella para sí el honor que se le tributa? ¿Es, por ventura, una extraña, que nada tiene que ver contigo? ¿Quién la agrada a Ella, te desagrada a Ti? Consagrarse a Ella y amarla ¿será separarse o alejarse de Ti?

65. ¡Maestro amabilísimo! Sin embargo, si cuanto acabo de decir fuera verdad, la mayoría de los sabios justo castigo de su soberbia no se alejaría n más que ahora de la devoción a tu Santísima Madre ni mostrarían para con Ella mayor indiferencia de la que ostentan. ¡Guárdame, Señor! ¡Guárdame de sus sentimientos y de su conducta! Dame participar en los sentimientos de gratitud, estima, respeto y amor que tienes para con tu Santísima Madre, a fin de que pueda amarte y glorificarte tanto más perfectamente, cuando más te limite y siga de cerca.

66. Y, como si no hubiera dicho nada acerca de tu Santísima Madre concédeme la gracia de alabarla dignamente, a pesar de todos sus enemigos que lo son tuyos y gritarles a voz en cuello con todos los santos: "No espere alcanzar misericordia de Dios quien ofenda a su Madre bendita".

67. Para alcanzar tu misericordia una verdadera devoción hacia tu Santísima Madre y difundir esta devoción por toda la tierra, concédeme amarte ardientemente y acepta para ello la súplica inflamada que te dirijo con San Agustín y tus verdaderos amigos: "Tú eres, oh Cristo, mi Padre santo, mi Dios misericordioso, mi rey poderoso, mi buen pastor, mi único maestro, mi mejor ayuda, mi amado hermosísimo, mi pan vivo, mi sacerdote por la eternidad, mi guía hacia la patria, mi luz verdadera, mi dulzura santa, mi camino recto, mi Sabiduría preclara, mi humilde simplicidad, mi concordia pacífica, mi protección total, mi rica heredad, mi salvación eterna....

¡Cristo Jesús, Señor amabilísimo! ¿Por qué habré deseado durante la vida algo fuera de Ti, mi Jesús y mi Dios? ¿Dónde me hallaba cuando no pensaba en Ti? Anhelos todos de mi corazón, inflámense y desbórdense desde ahora hacia el Señor Jesús; corran, que mucho se han retrasado,apresúrense hacia la meta, busquen a quien buscan.

¡Oh Jesús! ¡Anatema quien no te amé! ¡Reboce de amargura quien no te quiera! ¡Dulce Jesús, que todo buen corazón dispuesto a la alabanza, te amé, se deleite en Ti, se admire ante Ti! ¡Dios de mi corazón! ¡Herencia mía, Cristo Jesús! ¡Desfallezca el latir de mi corazón! vive, Señor, en mí; enciéndase en mi pecho la viva llama de tu amor, acrézcase en incendio; arda siempre en el altar de mi corazón, queme en mis entrañas, incendie lo íntimo de mi alma, y que en el día de mi muerte comparezca yo consumado en tu presencia. Amén".

He querido transcribir esta maravillosa plegaria de San Agustín, para que repitiéndola todos los días pidas el amor de Jesucristo, ese amor que estamos buscando por medio de la excelsa María.

ARTÍCULO SEGUNDO
Pertenecemos a Cristo y a María.

68. De lo que Jesucristo es para nosotros debemos concluir con el Apóstol que ya no nos pertenecemos a nosotros mismos, sino que somos totalmente suyos, como sus miembros y esclavos, comprados con el precio infinito de toda su sangre. Efectivamente, antes del Bautismo pertenecíamos al demonio como esclavos suyos.

El Bautismo nos ha convertido en verdaderos esclavos de Jesucristo, que no debemos ya vivir ni morir sino a fin de fructificar para este Dios-Hombre, glorificarlo en nuestro cuerpo y hacerlo reinar en nuestra alma, porque somos su conquista, su pueblo adquirido y su propia herencia. Por la misma razón, el Espíritu Santo nos compara a:

1º árboles plantados junto a la corriente de las aguas de la gracia, en el campo de la iglesia, que deben dar fruto en tiempo oportuno.

2º los sarmientos de una vid, cuya cepa es Cristo, y que deben producir sabrosas uvas.

3º un rebaño, cuyo pastor es Jesucristo y que deben multiplicarse y producir leche.4º Por Jesucristo, con Jesucristo, en Jesucristo lo podemos todo: una tierra fértil, cuyo agricultor es Dios, y en la cual se multiplica la semilla y produce el 30, el 60, el ciento por uno.

Por otra parte, Jesucristo maldijo a la higuera infructuosa y condenó al siervo inútil que no hizo fructificar su talento.

Todo esto nos demuestra que Jesucristo quiere recoger algún fruto de nuestras pobres personas, a saber, nuestras buenas obras, porque éstas le pertenecen exclusivamente: "Hemos sido creados para las buenas obras en Cristo Jesús". Estas palabras del Espíritu Santo demuestran que Jesucristo es el único principio y debe ser también el único fin de nuestras buenas obras y que debemos servirle, no sólo como asalariados sino como esclavos de amor. Me explico:

69. Hay en este mundo dos modos de pertenecer a otro y depender de su autoridad: el simple servicio y la esclavitud. De donde proceden los apelativos de criado y esclavo. Por el servicio común, entre los cristianos, uno se compromete a servir a otro durante cierto tiempo y por determinado salario o retribución. Por la esclavitud, en cambio, uno depende de otro enteramente, por toda la vida y debe servir al amo sin pretender salario ni recompensa alguna, como si él fuera uno de sus animales sobre los que tiene derecho de vida y muerte.

70. Hay tres clases de esclavitud: natural, forzada y voluntaria. Todas las creaturas son esclavas de Dios del primer modo: "Del Señor es la tierra y cuanto la llena". Del segundo, lo son los demonios y condenados. Del tercero, los justos y los santos. La esclavitud voluntaria es la más perfecta y la más gloriosa para Dios, que escruta el corazón, nos lo pide para sí y se llama Dios del corazón o de la voluntad amorosa. Efectivamente,

44

por esta esclavitud, optas por Dios y su servicio por encima de todo lo demás, aunque no estuvieras obligado a ello por naturaleza.

71. Hay una diferencia total entre criado y esclavo.

1º el criado no entrega a su patrón todo lo que es, todo lo que posee ni todo lo que puede adquirir por sí mismo o por otros; el esclavo se entrega totalmente a su amo, con todo lo que posee y puede adquirir, sin excepción alguna:

2º el criado exige retribución por los servicios que presta a su patrón; el esclavo, por el contrario, no puede exigir nada, por más asiduidad, habilidad y energía que ponga en el trabajo;

3º el criado puede abandonar a su patrón cuando quiera o al menos, cuando expire el plazo del contrato; mientras que el esclavo no tiene derecho a abandonar a su amo cuando quiera;

4º el patrón no tiene sobre el criado derecho ninguno de vida o muerte, de modo que si lo matase como a uno de sus animales de carga, cometería un homicidio; el amo, en cambio, conforme a la ley tiene sobre su esclavo derecho de vida y muerte, de modo que puede venderlo a quien quiera o matarlo perdóname la comparación como haría con su propio caballo;

5º por último, el criado está al servicio del patrón sólo temporalmente; el esclavo, lo está para siempre.

72. Nada hay entre los hombres que te haga pertenecer más a otro que la esclavitud. Nada hay tampoco entre los cristianos que nos haga pertenecer más completamente a Jesucristo y a su Santísima Madre

que la esclavitud aceptada voluntariamente a ejemplo de Jesucristo, que por nuestro amor tomó forma de esclavo y de la Santísima Virgen que se proclamó servidora y esclava del Señor. El apóstol se honra en llamarse servidor de Jesucristo. Los cristianos son llamados repetidas veces en la Sagrada. Escritura servidores de Cristo. Palabra que como hace notar acertadamente un escritor insigne equivalía antes a esclavo, porque entonces no se conocían servidores como los criados de ahora, dado que los señores sólo eran servidos por esclavos o libertos. Para afirmar abiertamente que somos esclavos de Jesucristo, el Catecismo del Concilio de Trento se sirve de un término que no deja lugar a dudas, llamándolos *mancipia Christi*: esclavos de Cristo.

73. Afirmo que debemos pertenecer a Jesucristo y servirle, no sólo como mercenarios, sino como esclavos de amor, que por efecto de un intenso amor se entregan y consagran a su servicio en calidad de esclavos por el único honor de pertenecerle. Antes del Bautismo éramos esclavos del diablo. El Bautismo nos transformó en esclavos de Jesucristo. Es necesario, pues, que los cristianos sean esclavos del diablo o de Jesucristo.

74. Lo que digo en términos absolutos de Jesucristo, lo digo proporcionalmente de la Santísima Virgen. Habiéndola escogido Jesucristo por compañera inseparable de su vida, muerte, gloria y poder en el cielo y en la tierra, le otorgó gratuitamente respecto a su Majestad todos los derechos y privilegios que Él posee por naturaleza. "Todo lo que conviene a Dios por

naturaleza conviene a María por gracia" dicen los santos. De suerte que, según ellos, teniendo los dos el mismo querer y poder, tienen también los mismos súbditos, servidores y esclavos.

75. Podemos, pues conforme al parecer de los santos y de muchos varones insignes llamarnos y hacernos esclavos de amor de la Santísima Virgen, a fin de serlo más perfectamente de Jesucristo. La Virgen Santísima es el medio del cual debemos servirnos para ir a Él. Pues María no es como las demás creaturas, que, si nos apegamos a ellas, pueden separarnos de Dios en lugar de acercarnos a Él. La inclinación más fuerte de María es la de unirnos a Jesucristo, su Hijo; y la más viva inclinación del Hijo es que vayamos a Él por medio de su Santísima Madre. Obrar así es honrarlo y agradarle, como sería honrar y agradar a un rey el hacerse esclavos de la reina para ser mejores súbditos y esclavos del soberano. Por esto, los santos Padres y entre ellos San Buenaventura, dice que la Santísima Virgen es el camino para llegar al Señor.

76. Más aún, si como he dicho la Santísima Virgen es la Reina y Soberana del cielo y de la tierra, ¿por qué no ha de tener tantos súbditos y esclavos como creaturas hay? Y, ¿no será razonable que, entre tantos esclavos por fuerza, los haya también de amor, que escojan libremente a María como a su Soberana? Pues ¡qué! Han de tener los hombres y los demonios sus esclavos voluntarios y ¿no los ha de tener María? Y ¡qué! Un rey se siente honrado de que la reina, su consorte, tenga esclavos sobre los cuales pueda ejercer derechos de

vida y muerte en efecto, el honor y poder del uno son el honor y poder de la otra y el Señor, como el mejor de los hijos, ¿no se sentirá feliz de que María, su Madre Santísima, con quien ha compartido todo su poder, tenga también sus esclavos? ¿Tendrá El menos respeto y amor para con su Madre, que Asuero para con Esther y Salomón para con Betsabé? ¿Quién osará decirlo o siquiera pensarlo?

77. Pero, ¿a dónde me lleva la pluma? ¿Por qué detenerme a probar lo que es evidente? Si alguno no quiere que nos llamemos esclavos de la Santísima Virgen ¿qué más da? ¡Hacerte y llamarte esclavo de Jesucristo es hacerte y proclamarte esclavo de la Santísima Virgen! Porque Jesucristo es el fruto gloria de María. Todo esto se realiza de modo perfecto con la devoción de que vamos a hablar.

ARTÍCULO TERCERO
Debemos revestirnos del hombre nuevo, Jesucristo.

78. Nuestras mejores acciones quedan de ordinario manchadas e infectadas a causa de las malas inclinaciones que hay en nosotros. Cuando se vierte agua limpia y clara en una vasija que huele mal o vino en una garrafa maleada por otro vino, el agua clara y el buen vino se dañan y toman fácilmente el mal olor. Del mismo modo, cuando Dios vierte en nuestra alma, infectada por el pecado original y actual, sus gracias y rocíos celestiales o el vino delicioso de su amor, sus bienes se deteriora y echan a perder ordinariamente a causa de la levadura de malas inclinaciones que el pecado ha dejado en nosotros. Y nuestras acciones, aún

las inspiradas por las virtudes más sublimes, se resisten de ello. Es por tanto, de suma importancia para alcanzar la perfección que sólo se adquiere por la unión con Jesucristo liberarnos de lo malo que hay en nosotros. De lo contrario, el Señor, que es infinitamente santo y detesta hasta el menor mancha en el alma, nos rechazará de su presencia y no se unirá a nosotros.

79. Para liberarnos o vaciarnos de nosotros mismos debemos:

1° conocer bien, con la luz del Espíritu Santo, nuestras malas inclinaciones, nuestra incapacidad para todo bien concerniente a la salvación, nuestra continúa inconstancia, nuestra indignidad para toda gracia y nuestra iniquidad en todo lugar. El pecado de nuestro primer padre nos perjudicó a todos casi totalmente, nos dejó agriados, engreídos e infectados, como la levadura agria, levanta e infecta toda masa en que se la pone. Nuestros pecados actuales, mortales o veniales, aunque estén perdonados, han acrecentado la concupiscencia, debilidad, inconstancia y corrupción naturales y dejado huellas de maldad en nosotros. Nuestros cuerpos se hallan tan corrompidos, que el Espíritu Santo los llama cuerpos de pecado, concebidos en pecado, alimentados en el pecado y capaces de todo pecado. Cuerpos sujetos a mil enfermedades, que de día en día se corrompen y no engendran sino corrupción. Nuestra alma, unida al cuerpo, se ha hecho tan carnal, que la Biblia la llama carne. Tenemos por herencia el orgullo y la ceguera y la inconstancia en el alma, la concupiscencia, las pasiones rebeldes y las enfermedades en el cuerpo. Somos, por naturaleza, más soberbios que los pavos reales, más apegados a la tierra que los sapos, más viles que los cabros, más envidiosos que las serpientes, más glotones que los cerdos, más coléricos que los tigres, más perezosos que las tortugas, más débiles que las cañas y más inconstantes que las veletas. En el fondo no tenemos sino la nada y el pecado y sólo merecemos la ira divina y la condenación eterna.

80. Siendo esto así, ¿por qué maravillarnos de que el Señor haya dicho que quien quiera seguirle debe renunciarse a sí mismo y odiar su propia alma? ¿Y que el que ama su alma la perderá y quien la odia la salvará? Esta infinita Sabiduría que no da prescripciones sin motivo no nos ordena el odio a nosotros mismos, sino porque somos extremadamente dignos de odio: nada tan digno de amor como Dios, nada tan digno de odio como nosotros mismos.

81. 2° morir todos los días a nuestro egoísmo, es decir, renunciar a las operaciones de las potencias del alma y de los sentidos, ver como si no viéramos, oír como si no oyéramos, servirnos de las cosas de este mundo como si no nos sirviéramos de ellas. Es lo que San Pablo llama "morir cada día" "Si el grano de trigo no cae en tierra y muere, queda solo y no produce fruto"... Si no morimos a nosotros mismos y si nuestras devociones no nos llevan a esta muerte necesaria y fecunda, no produciremos fruto que valga la pena y nuestras devociones serán inútiles; todas nuestras obras de virtud quedarán manchadas por el egoísmo y la

voluntad propia; Dios rechazará los mayores sacrificios y las mejores acciones que ejecutemos; a la hora de la muerte nos encontraremos con las manos vacías de virtudes y méritos y no tendremos sin una chispa de ese amor puro que sólo se comunica a quienes han muerto a sí mismos y cuya vida está escondida con Cristo en Dios.

82. 3° escoger entre las devociones a la Santísima Virgen la que nos lleve más perfectamente a dicha muerte al egoísmo por la mejor y más santificadora. Porque no hay que creer que es oro todo lo que reluce, ni miel todo lo dulce, ni el camino más fácil y lo que practica la mayoría es lo más eficaz para la salvación. Así como hay secretos naturales para hacer en poco tiempo, pocos gastos y gran facilidad ciertas operaciones naturales, también hay secretos en el orden de la gracia para realizar en poco tiempo, con dulzura y facilidad, operaciones sobrenaturales, liberarte del egoísmo, llenarte de Dios y hacerte perfecto. La práctica que quiero descubrirte es uno de esos secretos de la gracia, ignorando por gran número de cristianos, conocido de pocos, devotos, practicado y saboreado por un número aún menor. Expongamos la cuarta verdad como consecuencia de la tercera antes de descubrir dicha práctica.

ARTICULO CUARTO
La acción maternal de María facilita el encuentro personal con Cristo.

83. Es más perfecto, porque es más humilde, no acercarnos a Dios por nosotros mismo, sin acudir a un

mediador. Estando tan corrompida nuestra naturaleza como acabo de demostrar, si nos apoyamos en nuestros propios esfuerzos, habilidad y preparación para llegar hasta Dios y agradarle, ciertamente nuestras obras de justificación quedarán manchadas o pesarán muy poco delante de Dios para comprometerlo a unirse a nosotros y escucharnos. Porque no sin razón nos ha dado Dios mediadores ante sí mismo. Vio nuestra indignidad e incapacidad, se apiadó de nosotros y para darnos acceso a sus misericordias nos proveyó de poderosos mediadores ante su grandeza. Por tanto, despreocuparte de tales mediadores y acercarte directamente a la santidad divina sin recomendación alguna, es faltar a la humildad y respeto debido a un Dios tan excelso y santo, hacer menos caso de este Rey de reyes del qué harías de un soberano o príncipe de la tierra, a quien no te acercarías sin un amigo que hable por ti.

84. Jesucristo es nuestro abogado y mediador de Redención ante el Padre. Por El debemos orar junto con la Iglesia triunfante y militante. Por El tenemos acceso ante la Majestad divina y, sólo apoyados en El revestidos de sus méritos, debemos presentarnos ante Dios, así como el humilde Jacob compareció ante su padre Isaac para recibir la bendición, cubierto con pieles de cabrito.

85. Pero, ¿no necesitamos acaso un mediador ante el mismo Mediador? ¿Bastará nuestra pureza a unirnos a El directamente y por nosotros mismos? ¿No es El acaso Dios igual en todo a su Padre y, por consiguiente,

el Santo de los santos, tan digno de respeto como su Padre? Si, por amor infinito, se hizo nuestro fiador y mediador ante el Padre, para aplacarlo y pagarle nuestra deuda ¿será esto razón para que tengamos menos respeto y temor para con su majestad y santidad?

Digamos, pues, abiertamente con San Bernardo que necesitamos un mediador ante el Mediador mismo y que la excelsa María es la más capaz de cumplir este oficio caritativo. Por Ella vino Jesucristo a nosotros y por ella debemos nosotros ir a Él.

Si tememos ir directamente a Jesucristo-Dios, a causa de su infinita grandeza y de nuestra pequeñez o pecados, imploremos con filial osadía la ayuda e intercesión de María, nuestra Madre. Ella es tierna y bondadosa. En Ella no hay nada austero o terrible, ni excesivamente sublime o deslumbrante. Al verla, vemos propia naturaleza.

No es el sol que con la viveza de sus rayos podría deslumbrarnos a causa de nuestra debilidad. Es hermosa y apacible como la luna, que recibe la luz del sol para acomodarla a la debilidad de nuestra vista. María es tan caritativa que no rechaza a ninguno de los que imploran su intercesión, por más pecador que sea, pues como dicen los santos jamás se ha oído decir que alguien haya acudido confiada y perseverantemente a ella y haya sido rechazado.

Ella es tan poderosa que sus peticiones jamás han sido desoídas. Bástale presentarse ante su Hijo con alguna súplica, para que El la acepte y reciba y se deje vencer amorosamente por las entrañas, suspiros y súplicas de su Madre queridísima.

86. Esta doctrina sacada de los escritos de San Bernardo y San Buenaventura. Según ellos, para llegar a Dios tenemos que subir tres escalones: El primero, más cercano y adaptado a nuestras posibilidades, es María. El segundo, es Jesucristo y el tercero es Dios Padre. Para llegar a Jesucristo hay que ir a María nuestra Mediadora de intercesión. Para llegar hasta el Padre hay que ir al Hijo, que es nuestro Mediador de Redención. Este es precisamente el orden que se observa en la forma de devoción de la que hablaré más adelante.

ARTÍCULO QUINTO
Nos es muy difícil conservar la gracia
y los tesoros recibidos de Dios.

87. Es muy difícil, dada nuestra pequeñez y fragilidad, conservar las gracias y tesoros de Dios, porque 1° llevamos este tesoro, más valioso que el cielo y la tierra, en vasos de barro, en un cuerpo corruptible, en un alma débil e inconstante que por nada se turba y abate.

88. 2° los demonios, ladrones muy astutos, quieren sorprendernos de improviso para robarnos. Espían día y noche el momento favorable para ello. Nos rodean incesantemente para devorarnos y arrebatarnos en un momento por un solo pecado todas las gracias y méritos logrados en muchos años. Su malicia, su pericia, su astucia y número deben hacernos temer infinitamente esta desgracia. Ya que personas más

llenas de gracias, más ricas en virtudes, más experimentadas y elevadas en santidad que nosotros, han sido sorprendidas, robadas y saqueadas lastimosamente.

¡Ah! ¡Cuántos cedros del Líbano y estrellas del firmamento cayeron miserablemente y perdieron en poco tiempo su elevación y claridad! Y, ¿cuál es la causa? No fue la falta de gracia. Que Dios a nadie la niega. Sino ¡falta de humildad! Se creyeron más fuertes y poderosos de lo que eran. Se consideraron capaces de conservar sus tesoros. Se fiaron de sí mismos y se apoyaron en sus propias fuerzas. Creyeron bastante segura su casa y suficientemente fuertes sus cofres para guardar el precioso tesoro y, por este apoyo imperceptible en sí mismo aunque les parecía que se apoyaban solamente en la gracia de Dios el Señor, que es la justicia misma, permitió que fueran saqueados abandonados a sí mismos.

¡Ay! Si hubieran conocido la devoción admirable que a continuación voy a exponer, habrían confiado su tesoro a una Virgen fiel y poderosa y Ella se lo habría guardado como si fuera propio y hasta se habría comprometido a ello en justicia.

89. 3° Es difícil perseverar en gracia, a causa de la espantosa corrupción del mundo. Corrupción tal que se hace prácticamente imposible que los corazones no se manchen, si no con su lodo, al menos, con su polvo. Hasta el punto de que es una especie de milagro el que una persona se conserve en medio de este torrente impetuoso, sin ser arrastrada por él; en medio de este mar tempestuoso, sin anegarse o ser saqueada por los

piratas y corsarios; en medio de esta atmósfera viciada, sin contagiarse. Solo la Virgen fiel, contra quien nada pudo la serpiente, hace este milagro a favor de aquellos que la sirven mejor que pueden.

De María, numquam satis
- *Nunca será suficiente el honrar a la Virgen María-*

CAPITULO TERCERO

Elección de la verdadera devoción a María Santísima

90. Presupuestas las cinco verdades anteriores, es preciso, ahora más que nunca, hacer una buena elección de la verdadera devoción a la Santísima Virgen. En efecto, hoy más que nunca, nos encontramos con falsas devociones que fácilmente podrían tomarse por verdaderas. El demonio, como falso acuñador de moneda y ladrón astuto y experimentado, ha engañado y hecho caer ya a muchas almas por medio de falsas devociones a la Santísima Virgen y cada día utiliza su experiencia diabólica para engañar a muchas otras, entreteniéndolas y adormeciéndolas en el pecado, so pretexto de algunas oraciones mal recitadas y de algunas prácticas exteriores inspiradas por él. Como un falsificador de moneda no falsifica ordinariamente sino el oro y la plata y muy rara vez los otros metales, porque no valen la pena, así el espíritu maligno no falsifica las otras devociones tanto como las de Jesús y María la devoción a la Sagrada. Comunión y la devoción a la Virgen porque son entre las devociones, lo que el oro y la plata entre los metales.

91. Es, por ello, importantísimo:

1° conocer las falsas devociones para evitarlas y las verdaderas para abrazarlas,

2° conocer cuál es, entre las diferentes formas de devoción verdadera a la Santísima Virgen, la más perfecta, la más agradable María, la más gloriosa para el Señor y la más eficaz para nuestra santificación, a fin de optar por ella.

ARTÍCULO PRIMERO
Signos de la falsa y de la verdadera devoción a la Santísima Virgen

92. Hay, a mi parecer, siete clases de falsos devotos y falsas devociones a la Santísima Virgen, a saber:
1° los devotos críticos;
2° los devotos escrupulosos;
3° los devotos exteriores;
4° los devotos presuntuosos;
5° los devotos inconstantes;
6° los devotos hipócritas;
7° los devotos interesados.

1° Los devotos críticos

93. Los devotos críticos son, por lo común, sabios orgullosos, engreídos y pagados de sí mismos, que en el fondo tienen alguna devoción a la Santísima Virgen, pero critican casi todas las formas de piedad con las que las gentes sencillas honran ingenua y santamente a esta buena Madre, sólo porque no se acomodan a sus fantasías. Ponen en duda todos los milagros e historias referidas por autores fidedignos o extraídas de las crónicas de las Órdenes religiosas, que atestiguan la misericordia y poder de la Santísima Virgen. Se irritan al ver a las gentes sencillas y humildes arrodilladas para rogar a Dios ante un altar o imagen de María o en la esquina de una calle... Llegan hasta a acusarlas de

idolatría, como si adorarán la madera o la piedra. En cuanto a ellos así dicen no gustan de tales devociones exteriores ¡ni son tan cándidos para creer a tantos cuentos e historietas como corren acerca de la Santísima Virgen! Si se les recuerdan las admirables alabanzas que los Santos Padres tributan a María, responden que hablaban como oradores, en forma hiperbólica, o dan una falsa explicación de sus palabras. Esta clase de falsos devotos y gente orgullosa y mundana es mucho de temer: hace un daño incalculable a la devoción a la Santísima Virgen, alejado de Ella definitivamente a los pueblos so pretexto de desterrar abusos.

2º Los devotos escrupulosos.

94. Los devotos escrupulosos son personas que temen deshonrar al Hijo al honrar a la Madre, rebajar al Uno al honrar a la Otra. No pueden tolerar que se tributen a la Santísima Virgen las justísimas alabanzas que le prodigaron los Santos Padres. Toleran penosamente que haya más personas arrodilladas ante un altar de María que delante del Santísimo Sacramento, ¡como si esto fuera contrario a aquello o si los que oran a la Santísima Virgen, no orasen a Jesucristo por medio de Ella! No quieren que se hable con tanta frecuencia de la Madre de Dios ni que los fieles acudan a Ella tantas veces. Oigamos algunas de sus expresiones más frecuentes: "¿De qué sirven tantos Rosarios? ¿Tantas congregaciones y devociones exteriores a la Santísima Virgen? ¡Cuánta ignorancia hay en tales prácticas! ¡Esto es poner en ridículo nuestra religión! ¡Hábleme más bien de los devotos de Jesucristo! Y, al pronunciar

frecuentemente este nombre, lo digo entre paréntesis, no se descubren. Hay que recurrir solamente a Jesucristo. Él es nuestro único mediador. Hay que predicar a Jesucristo: ¡esto es lo sólido!"

Y lo que dicen es verdad en cierto sentido. Pero, la aplicación que hacen de ello para combatir la devoción a la Santísima Virgen es muy peligrosa, es un lazo sutil del espíritu maligno, so pretexto de un bien mayor. Porque ¡nunca se honra tanto a Jesucristo como cuando se honra a la Santísima Virgen! Efectivamente, si se la honra, es para honrar más perfectamente a Jesucristo y si vamos a Ella, es para encontrar el camino que nos lleve a la meta, que es Jesucristo.

95. La iglesia, con el Espíritu Santo, bendice primero a la Santísima Virgen y después a Jesucristo: "Bendita tú entre las mujeres y bendito el fruto de tu vientre, Jesús". Y esto, no porque la Virgen María sea mayor que Jesucristo o igual a Él lo cual sería intolerable herejía sino porque para bendecir más perfectamente a Jesucristo hay que bendecir primero a María. Digamos, pues, con todos los verdaderos devotos de la Santísima Virgen y contra sus falsos devotos escrupulosos. "María, bendita tú eres entre todas las mujeres y bendito es el fruto de tu vientre, Jesús".

3º Los devotos exteriores.

96. Los devotos exteriores son personas que cifran toda su devoción a María en prácticas externas. Solo gustan de lo exterior de esta devoción, porque carecen de espíritu interior. Rezan muchos Rosarios, pero

atropelladamente. Participan en muchas Misas, pero sin atención. Se inscriben en todas las cofradías marianas, pero sin enmendar su vida, sin vencer sus pasiones, ni imitar las virtudes de la Santísima Virgen. Sólo gustan de lo sensible de la devoción, no buscan lo sólido. De suerte que si no experimentan algo sensible en sus prácticas piadosas, creen que no hacen nada, se desalientan y lo abandonan todo o lo hacen por rutina. El mundo está lleno de esta clase de devotos exteriores. No hay gente que más critique a las personas de oración, que se empeñan en lo interior como lo esencial, aunque sin menospreciar la modestia exterior, que acompaña siempre a la devoción verdadera.

4° Los devotos presuntuosos

97. Los devotos presuntuosos son pecadores aletargados en sus pasiones o amigos de lo mundano. Bajo el hermoso nombre de cristianos y devotos de la Santísima Virgen, esconden el orgullo, la avaricia, la lujuria, la embriaguez, el perjurio, la maledicencia o la injusticia, etc.; duermen en sus costumbres perversas, sin hacerse mucha violencia para corregirse, confiados en que son devotos de la Santísima Virgen; se prometen a sí mismos que Dios les perdonará, que no morirán sin confesión ni se condenarán, porque rezan el Rosario, ayunan los sábados, pertenecen a la cofradía del Santo Rosario, a la del escapulario y otras congregaciones, llevan el hábito o la cadenilla de la Santísima Virgen, etc.

Cuando se les dice que su devoción no es sino ilusión diabólica y perniciosa presunción, capaz de llevarlos a la ruina, se resisten a creerlo. Responden que dios es bondad y misericordia; que no nos ha creado para perdición; que no hay hombre que no peque, que basta un buen "¡Señor, pequé!" a la hora de la muerte. Y añaden que son devotos de la Santísima Virgen; que llevan el escapulario, que todos los días rezan puntualmente siete Padrenuestros y Avemarías en su honor y, algunas veces, el Rosario o el Oficio de Nuestra Señora, que ayunan, etc. Para confirmar sus palabras y cegarse aún más, alegan algunos hechos verdaderos o falsos poco importa que han oído o leído, en los que se asegura que personas muertas en pecado mortal y sin confesión, gracias a que durante su vida hablan rezado algunas oraciones o ejercitado algunas prácticas de devoción en honor de la Virgen resucitaron para confesarse o su alma permaneció milagrosamente en el cuerpo hasta que lograron confesarse o, a la hora de la muerte, obtuvieron del Señor, por la misericordia de María, el perdón y la salvación. ¡Ellos esperan correr la misma suerte!

98. Nada, en el cristianismo, es tan perjudicial a las gentes como esta presunción diabólica. Porque, ¿Cómo puede alguien decir con verdad que ama y honra a la Santísima Virgen, mientras con sus pecados hiere, traspasa, crucifica y ultraja despiadadamente a Jesucristo, su Hijo? Si María se obligara a salvar por su misericordia a esta clase de personas, ¡Autorizaría el pecado y ayudaría a crucificar a su Hijo! Y esto, ¿quién osaría siquiera pensarlo?

99. Protesto que abusar así de la devoción a la Santísima Virgen devoción que después de la que se tiene al Señor en el Santísimo Sacramento es la más

santa y sólida de todas constituye un horrible sacrilegio, el mayor y menos digno de perdón después de la comunión sacrílega. Confieso que, para ser verdadero devoto de la Santísima Virgen, no es absolutamente necesario que seas tan santo, que llegues a evitar todo pecado aunque esto sería lo más deseable. Pero es preciso, al menos (¡nota bien lo que digo!):

1º mantenerse sinceramente resuelto a evitar, por lo menos, todo pecado mortal, que ultraja tanto a la Madre como al Hijo;

2º violentarse para evitar el pecado;

3º inscribirse en las cofradías, rezar los cinco o quince misterios del Rosario u otras oraciones, ayunar los sábados, etc.

100. Todas estas buenas obras son maravillosamente útiles para lograr la conversión de los pecadores por endurecidos que estén. Y si tú, lector, fueras uno de ellos, aunque ya tuvieras un pie en el abismo... te las aconsejo, a condición de que las realices con la única intención de alcanzar de Dios por intercesión de la Santísima Virgen la gracia de la contrición y perdón de tus pecados y vencer tus hábitos malos y no para permanecer tranquilamente en estado de pecado, no obstante los remordimientos de la conciencia, el ejemplo de Jesucristo y de los santos y las máximas del Santo Evangelio.

5º Los devotos inconstantes.

101. Los devotos inconstantes son los que honran a la Santísima Virgen a intervalos y como a saltos. Ahora

fervorosos, ahora tibios... En un momento parecen dispuestos a emprenderlo todo por su servicio, poco después ya no son los mismos. Abrazan de momento todas las devociones a la Santísima Virgen y se inscriben en todas sus cofradías, pero luego no cumplen sus normas con fidelidad. Cambian como la luna. Y María los coloca debajo de sus pies junto a la medialuna, porque son volubles e indignos de ser contados entre los servidores de esta Virgen fiel, que se distinguen por la fidelidad y la constancia. Más vale no recargarse con tantas oraciones y prácticas devotas y hacer menos pero con amor y fidelidad a pesar del mundo, del demonio y de la carne.

6º Los devotos hipócritas

102. Hay todavía otros falsos devotos de la Santísima Virgen: los devotos hipócritas. Encubren sus pecados y costumbres pecaminosas bajo el manto de esta Virgen fiel, a fin de pasar a los ojos de los demás por lo que no son.

7º Los devotos interesados.

103. Existen, finalmente, los devotos interesados. Son aquellos que sólo acuden a María para ganar algún pleito, evitar un peligro, curar de una enfermedad o por necesidades semejantes... sin las cuales no se acordarían de Ella. Unos y otros son falsos devotos, en nada aceptos a Dios ni a su Santísima Madre.

Cuidémonos de la falsa devoción

104. Pongamos, pues, suma atención a fin de no ser del número. De los devotos críticos, que no creen en nada

pero todo lo critican. De los devotos escrupulosos, que temen ser demasiado devotos de la Santísima Virgen por respeto a Jesucristo. De los devotos exteriores, que hacen consistir toda su devoción en prácticas exteriores. De los devotos presuntuosos, que bajo el oropel de una falsa devoción a la Santísima Virgen, viven encenagados en el pecado. De los devotos inconstantes, que por ligereza cambian sus prácticas de devoción o las abandonan a la menor tentación. De los devotos hipócritas, que entran en las cofradías y visten la librea de la Santísima Virgen para hacerse pasar por santos. Y finalmente de los devotos interesados, que sólo recurren a la Virgen para librarse de males corporales o alcanzar bienes de este mundo.

II. La verdadera devoción a la Santísima Virgen

105. Después de haber desenmascarado y reprobado las falsas devociones a la Santísima Virgen, conviene presentar en pocas palabras la verdadera. Esta es:
   1º interior;
   2º tierna;
   3º santa;
   4º constante y
   5º desinteresada.

1. La verdadera devoción es interior

106. La verdadera devoción a la Santísima Virgen es interior. Es decir, procede del espíritu y del corazón, de la estima que se tiene de Ella, de la alta idea que nos

hemos formado de sus grandezas y del amor que le tenemos.

2. La verdadera devoción es tierna

107. Es tierna, vale decir, llena de confianza en la Santísima Virgen, como la confianza del niño en su querida madre. Esta devoción hace que recurras a la Santísima Virgen en todas tus necesidades materiales y espirituales con gran sencillez, confianza y ternura e implores la ayuda de tu bondadosa Madre en todo tiempo, lugar y circunstancia: en las dudas, para que te esclarezca; En los extravíos, para que te convierta al buen camino; en las tentaciones, para que te sostenga; en las debilidades, para que te fortalezca; en los desalientos; para que te reanime; en los escrúpulos, para que te libre de ellos; en las cruces, afanes y contratiempos de la vida, para que te consuele, y finalmente, en todas las dificultades materiales y espirituales, María en tu recurso ordinario, sin temor de importunar a tu bondadosa Madre ni desagradar a Jesucristo.

3. La verdadera devoción es santa.

108. La verdadera devoción a la Santísima Virgen es santa. Es decir, te lleva a evitar el pecado e imitar las virtudes de la Santísima Virgen y, en particular, su humildad profunda, su fe viva, su obediencia ciega, su oración continua, su mortificación universal, su pureza divina, su caridad ardiente, su paciencia heroica, su dulzura angelical y su sabiduría divina. Estas son las diez principales virtudes de la Santísima Virgen.

4. La verdadera devoción es constante

109. La verdadera devoción a la Santísima Virgen es constante. Te consolida en el bien y hace que no abandones fácilmente las prácticas de devoción. Te anima para que puedas oponerte a lo mundano y sus costumbres y máximas; a lo carnal y sus molestias y pasiones; al diablo y sus tentaciones. De suerte que si eres verdaderamente devoto de María, huirán de ti la veleidad, la melancolía, los escrúpulos y la cobardía. Lo que no quiere decir que no caigas algunas veces ni experimentes algunos cambios en tu devoción sensible. Pero, si caes, te levantarás, tendiendo la mano a tu bondadosa a Madre, si pierdes el gusto y la devoción sensible, no te acongojarás por ello. Porque, el justo y fiel devoto de María vive de la fe de Jesús y de María y no de los sentimientos corporales.

5. La verdadera devoción es desinteresada.

110. Por último, la verdadera devoción a la Santísima Virgen es desinteresada. Es decir, te inspirará no buscarte a ti mismo, sino sólo Dios en su Santísima Madre. El verdadero devoto de María no sirve a esta augusta Reina por espíritu tu lucro o interés, ni por su propi bien temporal o eterno, sino únicamente porque Ella merece ser servida y sólo Dios en Ella. Ama a María, pero no por los favores que recibe o espera recibir de Ella, sino porque Ella es amable. Por esto la ama y sirve con la misma fidelidad en los sinsabores y sequedades que en las dulzuras y fervores sensibles. La ama lo mismo en el Calvario que en las bodas de Caná.¡Ah! ¡Cuán agradable y precioso es delante de

Dios y de su Santísima Madre el devoto de María que no se busca a sí mismo en los servicios que le presta! Pero, ¡qué pocos hay así! Para que no sea tan reducido ese número estoy escribiendo lo que durante tantos años enseñado en mis misiones públicas y privadamente con no escaso fruto.

Designios, esperanzas y anuncios proféticos

111. Muchas cosas he dicho y a de la Santísima Virgen. Muchas más tengo que decir. E infinitamente más serán las que omita, ya por ignorancia, ya por falta de talento o de tiempo. Cuanto digo responde al propósito que tengo de hacer de ti un verdadero devoto de María y un auténtico discípulo de Jesucristo.

112. ¡Oh! ¡Qué bien pagado quedaría mi esfuerzo, si éste humilde escrito cae en manos de una persona bien dispuesta, nacida de Dios y de María y "no de la sangre ni de la carne ni de la voluntad de varón", le descubre e inspira, por gracia del Espíritu Santo, la excelencia y precio de la verdadera sólida devoción a la Santísima Virgen, que ahora voy a exponerte! Si supiera que mi sangre pecadora serviría para hacer penetrar en tu corazón, lector amigo, las verdades que escribo en honor de mi amada Madre y soberana Señora, de quien soy el último de los hijos y esclavos, con mi sangre en vez de tinta trazaría estas líneas. Pues ¡abrigo la esperanza de hallar personas generosas, que por su fidelidad a la práctica que voy a enseñarte, resarcirán a mí amada Madre y Señora por los daños que ha sufrido a causa de mi ingratitud e infidelidad!

113. Hoy me siento más que nunca animado a creer y esperar aquello que tengo profundamente grabado en el corazón y que vengo pidiendo a Dios desde hace muchos años, a saber, que tarde o temprano, la Santísima Virgen tenga más hijos, servidores y esclavos de amor que nunca y que, por este medio, Jesucristo, reine como nunca en los corazones.

114. Preveo claramente que muchas bestias rugientes llegan furiosas a destrozar con sus diabólicos dientes este humilde escrito y a aquel de quien el Espíritu Santo se ha servido para redactarlo o sepultar, al menos, estas líneas en las tinieblas o en el silencio de un cofre, a fin de que no sea publicado. Atacarán, incluso, a quienes lo lean y pongan en práctica.

Pero, ¡Qué importa! ¡Tanto mejor! ¡Esta perspectiva me anima y hace esperar un gran éxito, es decir, la formación de un escuadrón de aguerridos y valientes soldados de Jesús y de María, de uno y otro sexo, que combatirán al mundo, al demonio y a la naturaleza corrompida, en los tiempos como nunca peligrosos que van a llegar!"¡Qué el lector comprenda!" "¡Entiéndalo el que pueda!"

ARTÍCULO SEGUNDO
Diversas prácticas de devoción a María

1º Prácticas comunes.

115. La verdadera devoción a la Santísima Virgen puede expresarse interiormente de diversas maneras. He aquí, en resumen, las principales:

1º honrarla como a digna Madre de Dios, con un culto de hiperdulía, es decir, estimarla y venerarla más que a todos los otros santos, por ser Ella la obra maestra de la gracia y la primera después de Jesucristo, verdadero Dios y verdadero hombre.

2º meditar sus virtudes, privilegios y acciones;

3º contemplar sus grandezas;

4º ofrecerle actos de amor, alabanza y acción de gracias;

5º invocarla de corazón;

6º ofrecerse y unirse a Ella;

7º realizar todas las acciones con intención de agradarla;

8º comenzar, continuar y concluir todas las acciones por Ella, en Ella, con Ella y para Ella a fin de hacerlas por Jesucristo, en Jesucristo, con Jesucristo y para Jesucristo, nuestra meta definitiva. Más adelante explicaremos esta última práctica.

116. La verdadera devoción a la Santísima Virgen tiene también varias prácticas exteriores. Estas son las principales:

1º inscribirse en sus cofradías y entrar en las congregaciones marianas;

2º entrar en las Ordenes o Institutos religiosos fundados para honrarla;

3º publicar sus alabanzas;

4º hacer en su obsequio limosnas, ayunos y mortificaciones espirituales y corporales;

5º llevar sus libreas, como el santo rosario, el escapulario o la cadenilla;

6º rezar atenta, devota y modestamente el santo Rosario, compuesto de 15 decenas de Avemarías, en honor de los 15 principales misterios de Jesucristo. O la tercera parte del Rosario, que son cinco decenas, en honor de los cinco misterios gozosos (Anunciación, Visitación, Nacimiento de Jesucristo, Purificación y el Niño perdido y hallado en el templo) o de los cinco misterios dolorosos (Agonía de Jesús en el Huerto, Flagelación, Coronación de espinas, Subida al Calvario con la cruz a cuestas y Crucifixión y Muerte de Jesús) o de los cinco misterios gloriosos (Resurrección de Jesucristo, Ascensión del Señor, Venida del Espíritu Santo, Asunción y Coronación de María por las tres Personas de la Santísima Trinidad). O una corona de seis o siete decenas en honor de los años que, según se cree, vivió sobre la tierra la Santísima Virgen. O la Coronilla de la Santísima Virgen, compuesta de tres Padrenuestros y doce Avemarías, en honor de su corona de doce estrellas o privilegios. O el Oficio de Santa María Virgen, tan universalmente aceptado y rezado en la Iglesia. O el Salterio menor de María Santísima, compuesto en honor suyo por San Buenaventura y que inspira afectos tan tiernos y devotos, que no se puede rezar sin conmoverse. O catorce Padrenuestros y Avemarías en honor de su catorce alegrías u otras oraciones, himnos y cánticos de la Iglesia, como la Salve; Madre del Redentor; Salve, Reina de los cielos, según los tiempos litúrgicos: el himno Salve, de mares Estrella, la antífona Oh gloriosa Señora, el Magníficat u otras piadosas plegarias de que están llenos los Devocionarios.

7° cantar y hacer cantar en su honor cánticos espirituales.

8° hacer de su honor cierto número de genuflexiones 9 reverencias, diciéndole, por ejemplo, todas las mañanas sesenta o cien veces: Dios te salve, María, Virgen fiel, para alcanzar de Dios, por mediación suya, la fidelidad a la gracia durante todo el día, y por la noche. Dios te salve, María Madre de misericordia, para implorar de Dios, por medio de Ella, el perdón de los pecados cometidos durante el día.

9° mostrar interés por sus cofradías, adornar sus altares, coronar y embellecer sus imágenes;

10° organizar procesiones y llevar en ellas sus imágenes y llevar una consigo, como arma poderosa contra el demonio.

11° hacer pintar o grabar sus imágenes o su monograma y colocarlas en las iglesias, las casas o los dinteles de las puertas y entrada de las ciudades, de las iglesias o de las casas;

12° consagrarse a Ella en forma especial y solemne.

117. Existen muchas otras formas de verdadera devoción a María, inspiradas por el Espíritu Santo a las personas santas y que son muy eficaces para la santificación. Pueden leerse, en extenso, en el Paraíso abierto a Filagia, compuesto por el Reverendo Padre Pablo Barry S.J., quien ha recopilado en esta obra gran número de devociones practicadas por los santos en honor de la Santísima Virgen, siempre que se hagan con las debidas disposiciones, es decir:

1° con la buena y recta intención de agradar a Dios solo, unirse a Jesucristo, nuestra meta final y edificar al prójimo;

2° con atención, sin distracciones voluntarias;

3° con devoción, sin precipitación ni negligencia;

4° con modestia y compostura corporal respetuosa y edificante.

II. La práctica perfecta.

118. Después de esto, protesto abiertamente que aunque he leído casi todos los libros que tratan de la devoción a la Santísima Virgen y conversado familiarmente con las personas más santas y sabias de estos últimos tiempos no he logrado conocer ni aprender una práctica de devoción semejante a la que voy a explicarte, que te exija más sacrificios por Dios, te libere más de ti mismo y de tu egoísmo, te conserve más fácilmente en gracia de Dios y a la gracia en ti, que te una más perfecta y fácilmente a Jesucristo y sea más gloriosa para Dios, más santificadora para ti mismo y más útil para el prójimo.

119. Dado que lo esencial de esta devoción consiste en el interior que ella debe formar, no será igualmente comprendida por todos. Algunos se detendrán en lo que tiene de exterior, sin pasar de ahí serán el mayor número;- otros, en número reducido, penetrarán en lo interior de la misma, pero se quedarán en el primer grado. ¿Quién subirá al segundo? ¿Quién llegará hasta el tercero? ¿Quién, finalmente, permanecerá en el habitualmente? Sólo aquel a quien el Espíritu de Jesucristo revele este secreto y lo conduzca por sí

mismo para hacerlo avanzar de virtud en virtud, de gracia en gracia, de luz en luz, hasta transformarlo en Jesucristo y llevarlo a la plenitud de su madurez sobre la tierra y perfección en el cielo.

Esforcémonos por subir a Jesús por María, ya que él bajo a nosotros por ella (San Bernardo)

CAPÍTULO CUARTO

Naturaleza de la perfecta devoción a la Santísima Virgen María

120. La plenitud de nuestra perfección consiste en ser conformes, vivir unidos y consagrados a Jesucristo. Por consiguiente, la más perfecta de todas las devociones, es sin duda alguna, la que nos conforma, une y consagra más perfectamente a Jesucristo. Ahora bien, María es la creatura más conforme a Jesucristo. Por consiguiente, la devoción que mejor nos consagra y conforma al Señor es la devoción a su Santísima Madre. Y cuanto más te consagras a María, tanto más te unirás a Jesucristo.

La perfecta consagración a Jesucristo es por lo mismo, una perfecta y total consagración de sí mismo a la Santísima Virgen. Esta es la devoción que yo enseño y que consiste en otras palabras en una perfecta renovación de los votos y promesas bautismales.

ARTÍCULO PRIMERO
Una consagración perfecta y total de sí mismo a la Santísima Virgen María.

121. Consiste, pues, esta devoción en una entrega total a la Santísima Virgen, para pertenecer, por medio de Ella, totalmente a Jesucristo. Hay que entregarle:
1° el cuerpo con todos sus sentidos y miembros;
2° el alma con todas sus facultades;

3º los bienes exteriores llamados de fortuna presentes y futuros;

4º los bienes interiores y espirituales, o sea, los méritos, virtudes y buenas obras pasadas, presentes y futuras.

En dos palabras: cuanto tenemos, o podamos tener en el futuro, en el orden de la naturaleza de la gracia y de la gloria, sin reserva alguna ni de un céntimo, ni de un cabello, ni de la menor obra buena y esto por toda la eternidad y sin esperar por nuestra ofrenda y servicio más recompensa que el honor de pertenecer a Jesucristo por María y en María, aunque esta amable Señora no fuera como siempre lo es la más generosa y agradecida de las creaturas.

122. Conviene advertir que en las buenas obras que hacemos hay un doble valor: la satisfacción y el mérito, o sea, el valor satisfactorio o impetratorio y el valor meritorio.

El valor satisfactorio o impetratorio de una buena obra es la misma obra buena en cuanto satisface por la pena debida por el pecado u obtiene algu9na nueva gracia. En cambio, el valor meritorio o mérito es la misma obra buena en cuanto merece la gracia y la gloria eterna. Ahora bien en esta consagración de nosotros mismos a la Santísima Virgen, le entregamos todo el valor satisfactorio, impetratorio y meritorio. Es decir, las satisfacciones y méritos, gracias y virtudes, no para que los comunique a otros porque nuestros méritos, gracias y virtudes, estrictamente hablando, son incomunicables, únicamente Jesucristo, haciéndose fiador nuestro ante el Padre, ha podido comunicarnos sus méritos sino para que nos los conserve, aumente y embellezca (como veremos más adelante). Le entregamos nuestras satisfacciones para que las comunique a quien mejor le plazca y para mayor gloria de Dios.

123. De donde se deduce que:

1° por esta devoción, entregas a Jesucristo, de la manera más perfecta puesto que lo entregas por manos de María todo cuanto le puedes dar y mucho más que por las demás devociones, por las cuales le entregas solamente parte de tu tiempo, de tus buenas obras, satisfacciones y mortificaciones.

Por esta consagración le entregas y consagras todo, hasta el derecho de disponer de tus bienes y satisfacciones que cada día puedes ganar por tus buenas obras, lo cual no se hace en ninguna Orden o Instituto Religioso. En éstos se dan a Dios los bienes de fortuna por el voto de castidad, la propia voluntad por el voto de obediencia y, algunas veces, la libertad corporal por el voto de clausura. Pero no se entrega a Dios la libertad o el derecho de disponer de las buenas obras ni se despoja uno, cuanto es posible, de los más preciosos y caro que posee el cristiano, a saber, los méritos y satisfacciones.

124. 2° Una persona que se consagra y entrega voluntariamente a Jesucristo por medio de María, no puede ya disponer del valor de ninguna de sus buenas obras: todo lo bueno que padece, piensa, dice y hace pertenece a María quien puede disponer de ello, según la voluntad y mayor gloria de su Hijo. Esta entrega, sin

embargo, no perjudica en nada a las obligaciones de estado presente o futuro en que se encuentre la persona, por ejemplo, los compromisos de un sacerdote que, por su oficio y otro motivo cualquiera, debe aplicar el valor satisfactorio e impetratorio de la santa Misa a un particular. Porque no se hace esta consagración sino según el orden establecido y los deberes del propio estado.

125. 3º Esta devoción nos consagra al mismo tiempo, a la Santísima Virgen y a Jesucristo. A la Santísima Virgen, como al medio perfecto escogido por Jesucristo para unirse a nosotros, y a nosotros con El. Al Señor, como a nuestra meta final, a quien debemos todo lo que somos ya que es nuestro Dios y Redentor. Perfecta renovación de las promesas bautismales.

ARTÍCULO SEGUNDO
Una perfecta renovación de los votos del Santo Bautismo

126. He dicho que esta consagración puede muy bien definirse como una perfecta renovación de los votos o promesas del santo Bautismo. De hecho, antes del Bautismo, todo cristiano era esclavo del demonio a quien pertenecía. Por su propia boca o la de sus padrinos renunció en el Bautismo a Satanás, a sus pompas y a sus obras y eligió a Jesucristo como a su Dueño y Señor, para depender de El en calidad de esclavo de amor.

Es precisamente lo que hacemos por la presente devoción: renunciar la fórmula de consagración lo dice expresamente al demonio, al mundo, al pecado y a nosotros mismos y consagrarnos totalmente a Jesucristo por manos de María. Pero hacemos aún algo más: en el Bautismo hablamos ordinariamente por boca de otros los padrinos y no consagramos a Jesucristo por procurador. Mientras que en esta devoción nos consagramos por nosotros mismos, voluntariamente y con conocimiento de causa.

En el bautismo no nos consagramos explícitamente por manos de María ni entregamos a Jesucristo el valor de nuestras buenas acciones. Y, después de él, quedamos completamente libres para aplicar dicho valor a quien queramos o conservarlo para nosotros. Por esta devoción, en cambio, nos consagramos e expresamente al Señor por manos de María y le entregamos el valor de todas nuestras acciones.

127. Los hombres hacen voto en el Bautismo dice Santo Tomás de renunciar al diablo y a sus obras. Y esto voto había dicho San Agustín es el mayor y más indispensable. Lo mismo afirman los canonistas: "El voto principal es el que hacemos en el Bautismo". Sin embargo, ¿quién cumple este voto tan importante? ¿Quién observa con fidelidad las promesas del santo Bautismo? ¿No traicionan casi todos los cristianos la fe prometida a Jesucristo en el Bautismo? ¿De dónde proviene este desconcierto universal? ¿No es acaso del olvido en que se vive de las promesas y compromisos del santo Bautismo y de que casi nadie ratifica por sí mismo el contrato de alianza hecho con Dios por sus padrinos?

128. Es tan cierto esto, que el Concilio de Sens, convocado por orden de Ludovico Pio para poner remedio a los desórdenes de los cristianos, juzgó que la causa principal de tanta corrupción de las costumbres provenía del olvido e ignorancia en que vivían las gentes acerca de los compromisos del santo Bautismo; y no encontró remedio más eficaz para combatir tamaño mal que excitar a los cristianos a renovar las promesas y votos bautismales.

129. El Catecismo del Concilio de Trento, fiel intérprete de las intenciones de este santo Concilio, exhorta a los párrocos de hacer lo mismo y a acostumbrar al pueblo fiel a recordar y creer que los cristianos han sido ofrecidos y consagrados a Jesucristo, Señor y Redentor nuestro. Estas son sus palabras: "El párroco exhortará al pueblo fiel en forma de hacerle comprender que nosotros, más que cualquier otro hombre, debemos ofrecernos y consagrarnos eternamente como esclavos a nuestro Señor y Redentor".

130. Ahora bien, si los Concilios, los Padres y la misma experiencia nos demuestra que el mejor remedio contra los desórdenes de los cristianos es hacerles recordar las obligaciones del Bautismo y renovar las promesas que en él hicieron, ¿no será acaso razonable hacerlo ahora de manera perfecta por esta devoción y consagración al Señor por medio de su Santísima Madre? Digo de manera perfecta, porque para consagrarnos a Jesucristo, utilizamos el más perfecto de todos los medios, que es la Santísima Virgen.

Respuesta a algunas objeciones.

131. No se puede objetar que esta devoción es nueva o sin importancia. No es nueva: los Concilios, los Padres y muchos autores antiguos y modernos habían de dicha consagración a Jesucristo o renovación de las promesas del Bautismo, como de una práctica antigua aconsejada por ellos a todos los cristianos. No es de poca importancia, puesto que la fuente principal de todos los desórdenes y, por consiguiente, de la condenación de los cristianos, procede del olvido e indiferencia respecto de esta práctica.

132. Pudiera alguno decir que esta devoción nos imposibilita para socorrer a las almas de nuestros parientes, amigos y bienhechores, dado que nos hace entregar al Señor, por manos de la Santísima Virgen, el valor de todas nuestras buenas obras, oraciones, mortificaciones y limosnas.

Le respondo: 1° no es creíble que nuestros amigos, parientes y bienhechores salgan perjudicados porque n os entreguemos y consagremos, sin reserva, al servicio del Señor y su Santísima Madre Suponerlo sería hacer injuria al poder y bondad de Jesús y de María, quienes sabrán ayudar a nuestros parientes, amigos y bienhechores, sea con nuestra renta espiritual, sea con otros medios.

2° esta devoción no impide orar por los demás vivos o difuntos aunque la aplicación de nuestras obras dependa de la voluntad de la Santísima Virgen. Al contrario, nos llevará a rogar con mayor confianza.

Sucede como a la persona rica que hubiera cedido todos sus bienes a un gran príncipe para honrarlo más: ella rogaría con mayor confianza a este príncipe que dé una limosna a un amigo suyo que se la pide. El príncipe hasta se sentirá feliz de encontrar la oportunidad de manifestar su gratitud a quien se ha despojado de todo para honrarlo y se ha empobrecido para enriquecerlo. El príncipe representa a Jesucristo y a la Santísima Virgen, que jamás se dejarán vencer de nadie en gratitud.

133. Otro objetará, tal vez: "Si doy a la Santísima Virgen todo el valor de mis acciones para que lo aplique a quien Ella quiera, ¡quizá tenga yo que padecer largo tiempo en el purgatorio!" Esta objeción proviene del amor propio y de la ignorancia que tenemos respecto a la generosidad divina y la de la Santísima Virgen. Y se destruye por sí sola ¿Es posible acaso que una persona ferviente y generosa que vela con mayor empeño por los intereses de Dios que por los propios, da a Dios sin reserva cuanto tiene de suerte que ya no puede dar más. Non plus ultra, tiene como única aspiración la gloria de Dios y el reinado de Jesucristo por medio de su Santísima Madre y se sacrifica totalmente para alcanzar este fin...? ¿Será posible repito que persona tan noble y generosa sea más castigada en la otra vida por haber sido en ésta más generosa y desinteresada que las otras? ¡Nada de esto! El Señor y su Madre Santísima lo veremos enseguida se mostrarán generosísimos en este mundo y en el otro, en el orden de la naturaleza, de la gracia y de la gloria, precisamente con esta persona.

134. Conviene ver ahora con la mayor brevedad los motivos que hablan a favor de esta devoción, los admirables efectos que produce en las almas fieles y sus principales prácticas.

El lema del papa Juan Pablo II, tomado de San Luis Ma. Grignion de Montfort: TOTVS TVVS, *Todo tuyo*

CAPÍTULO QUINTO

Motivos en favor de esta devoción

ARTÍCULO PRIMERO
Esta devoción nos consagra totalmente al servicio de Dios.

135. Primer motivo que nos manifiesta la excelencia de la consagración de sí mismo a Jesucristo por manos de María.

No se puede concebir ocupación más noble en este mundo que la de servir a Dios. El último de los servidores de Dios es más noble y poderoso que los reyes y emperadores, si éstos no sirven a Dios. ¿Cuál no será entonces, la riqueza, poder y dignidad del auténtico y perfecto servidor de Dios, que se consagra enteramente, sin reserva y cuanto le es posible a su servidor? Tal viene a ser, en efecto, el esclavo fiel y amoroso de Jesús en María, consagrado, totalmente por manos de la Santísima Virgen a este Rey de reyes, sin reservarse nada para sí mismo. Ni todo el oro del mundo ni las bellezas del cielo alcanzan para apagarlo.

136. Las demás congregaciones, asociaciones y cofradías erigidas en honor del Señor y de su Madre Santísima y que tan grandes bienes producen en la cristiandad, no obligan a entregarlo todo sin reserva. Prescriben ciertamente a sus asociados algunas obras y prácticas para que se cumplan los compromisos asumidos, pero les dejan libres las demás acciones y el

resto del tiempo. Esta devoción, en cambio, exige entregar a Jesús y a María todos los pensamientos, palabras, acciones y sufrimientos y todos los momentos de la vida. De quien ha optado por ella se podrá, pues, decir con toda verdad que cuanto hace vete o duerma, coma o beba, realice acciones importantes y ordinarias pertenece a Jesús y a María, gracias a la consagración hecha por él, a no ser que la haya retractado expresamente. ¡Qué consuelo!

137. Además como ya he dicho no hay práctica que nos libere más fácilmente de cierto resabio de amor propio que se desliza imperceptiblemente en las mejores acciones. Esta gracia insigne la concede el Señor en recompensa por el acto heroico y desinteresado de entregarle, por manos de su Santísima Madre, todo el valor de las buenas acciones. Si ya en este mundo da el céntuplo a los que por su amor dejan los bienes exteriores, temporales y perecederos, ¿que no dará a quien se le sacrifican aún los bienes interiores y espirituales?

138. Jesús, nuestro mejor amigo, se entregó a nosotros sin reserva, en cuerpo y alma, con sus virtudes, gracias y méritos: "Me ganó totalmente, entregándose todo", dice San Bernardo. ¿No será, pues, un deber de justicia y gratitud darle todo lo que podemos? Él fue el primero en mostrarse generoso con nosotros: seámoslo con El, lo exige la gratitud y Él se manifestará aún más generoso durante nuestra vida, en la muerte y por la eternidad: "Eres generoso con el generoso".

ARTÍCULO SEGUNDO
Esta devoción hace que imitemos el ejemplo de Jesucristo y practiquemos la humildad.

139. Segundo motivo que nos demuestra que es en sí justo y ventajoso para el cristiano el consagrarse totalmente a la Santísima Virgen mediante esta práctica a fin de pertenecer más perfectamente a Jesucristo.

Este buen Maestro no se desdeñó de encerrarse en el seno de la Santísima Virgen como prisionero y esclavo de amor ni de vivir sometido y obediente a Ella durante 30 años. Ante esto lo repito se anonada la razón humana, si reflexiona seriamente en la conducta de la Sabiduría encarnada, que no quiso aunque hubiera podido hacerlo entregarse directamente a los hombres, sino que prefirió comunicárseles por medio de la Santísima Virgen, ni quiso venir al mundo a la edad del varón perfecto, independiente de los demás, sino como niño pequeño y débil, necesitado de los cuidados y asistencia de una Madre.

Esta sabiduría infinita, inmensamente deseosa de glorificar a Dios, su Padre y salvar a los hombres, no encontró medio más perfecto y corto para realizar sus anhelos que someterse en todo a la Santísima Virgen, no solo durante los ocho o quince primeros años de su vida como los demás niños sino durante treinta años. Y durante este tiempo de sumisión y dependencia glorificó más al Padre que si hubiera empleado esos años en hacer milagros, predicar por toda la tierra y convertir a todos los hombres. Que si no, ¡hubiera hecho esto! ¡Oh! ¡Cuán altamente glorifica a Dios, quien, a ejemplo de Jesucristo, se somete a María!

Teniendo, pues, ante los ojos ejemplo tan claro y universalmente conocido, ¿seríamos tan insensatos que esperemos hallar medio más eficaz y rápido para glorificar a Dios que no sea el someternos a María a imitación de su Hijo divino?

140. En prueba de la dependencia en que debemos vivir respecto a la Santísima Virgen, recuerda cuanto hemos dicho, el aducir el ejemplo que el Padre, el Hijo y el Espíritu Santo no ofrecen de dicha dependencia. El Padre no dio ni da a su Hijo sino por medio de María, no se forma hijos adoptivos ni comunica sus gracias sino por Ella. Dios Hijo se hizo hombre para todos solamente por medio de María, no se forma ni nace cada día en las almas sino por Ella en unión con el Espíritu Santo, ni comunica sus méritos y virtudes sino por Ella. El Espíritu Santo no formó a Jesucristo sino por María y solo por Ella forma a los miembros de su Cuerpo Místico y reparte sus dones y virtudes. Después de tantos y tan apremiantes ejemplos de la Santísima Trinidad ¿podremos acaso a no ser que estemos completamente ciegos prescindir de María, no consagramos ni someternos a Ella para ir a Dios y sacrificarnos a Él?

141. Veamos ahora algunos pasajes de los Padres, que he seleccionado para probar lo que acabo de afirmar:

Dios hijos tiene María: un Hombre-Dios y un hombre – hombre. Del primero es madre corporal; del segundo, madre espiritual" La voluntad de Dios es que todo lo tengamos en María. Debemos reconocer que la esperanza, gracia y dones que tenemos dimanan de Ella.

Ella distribuye todos los dones y virtudes del Espíritu Santo a quien quiere, cuando quiere, como quiere y en la medida que Ella quiere.

Dios lo entregó todo a María, para que lo recibieras por medio de Ella, pues tú eras indigno de recibirlo directamente de Él.

142. Viendo Dios que somos indignos de recibir sus gracias inmediatamente de su mano dice San Bernardo las da a María, para que de Ella recibamos cuanto nos quiere dar. Añadamos que Dios cifra su gloria en recibir de manos de María el tributo de gratitud, respeto y amor que le debemos por sus beneficios. Es, pues, muy justo imitar esta conducta de Dios, para que añade el mismo San Bernardo "la gracia vuelva a su autor por el mismo canal por donde vino a nosotros"

Esto es lo que hacemos con nuestra devoción: con ella ofrecemos y consagramos a la Santísima Virgen cuanto somos y tenemos, a fin de que el Señor reciba por su mediación la gloria y reconocimiento que le debemos y nos reconocemos indignos e incapaces de acercarnos por nosotros mismos a su infinita Majestad. Por ello acudimos a la intercesión de la Santísima Virgen.

143. Esta práctica constituye además, un ejercicio de profunda humildad, virtud que Dios prefiere a todas las otras. Quien se ensalza rebaja a Dios, quien se humilla lo glorifica: "Dios resiste a los orgullosos y concede sus favores a los humildes". Si te humillas creyéndote indigno de presentarte y acercarte a Él, Dios se abaja y

desciende para venir a ti, complacerse en ti y elevarte aun a pesar tuyo. Pero, si te acercas a El atrevidamente, sin mediador, Él se aleja de ti y no podrás alcanzarlo. ¡Oh! ¡Cuánto ama Él la humildad de corazón! Y a esta humildad precisamente nos conduce la práctica de esta devoción. Que nos enseña a no acercarnos jamás al Señor por nosotros mismos por amable y misericordioso que Él sea sino a servirnos siempre de la intervención de la Santísima Virgen, para presentarnos ante Dios, hablarle y acercarnos a Él, ofrecerle algo o unirnos y consagrarnos a Él.

ARTÍCULO TERCERO
Esta devoción nos alcanza la protección maternal de María.

I. María se da a su esclavo.

144. Tercer motivo. La Santísima Virgen es Madre de dulzura y misericordia y jamás se deja vencer en amor y generosidad. Viendo que te has entregado totalmente a Ella para honrarla y servirla y te has despojado de cuanto más amas para adornarla se entrega también plena y totalmente a ti. Hace que te abismes en el piélago de sus gracias, te adorna con sus méritos, te apoya con su poder, te ilumina con su luz, te inflama con su amor, te comunica sus virtudes: su humildad, su fe, su pureza, etc. Se constituye en tu fiadora, tu suplemento y tu todo ante Jesús. Por último, dado que como consagrado perteneces totalmente a María, también Ella te pertenece en plenitud. De suerte que, en cuanto perfecto servidor e hijo de María, puedes

repetir lo que dijo de sí mismo el Evangelista San Juan: "El discípulo se la llevó a su casa".

145. Este comportamiento observado con fidelidad produce en tu alma gran desconfianza, desprecio y aborrecimiento de ti mismo y, a la vez, inmensa confianza y total entrega en manos de la Santísima Virgen, tu bondadosa Señora. Como consagrado a Ella no te apoyarás ya en tus propias disposiciones, intenciones. Méritos y buenas obras. En efecto, lo has sacrificado todo a Jesucristo por medio de su Madre bondadosa. Por ello, ya no te queda otro tesoro y éste ya no es tuyo en donde estén todos tus bienes que María. Esto te llevará a acercarte al Señor sin temor servil ni escrúpulo y rogarle con toda confianza y te hará participar en los sentimientos del piadoso y sabio abad Ruperto, quien aludiendo a la victoria de Jacob sobre un ángel, dirige a la Santísima Virgen estas hermosas palabras: "¡Oh! María Princesa mía y Madre inmaculada del Hombre-Dios, Jesucristo, deseo luchar con este Hombre que es el Verbo de Dios, armado no con mis méritos sino con los tuyos". ¡Oh! ¡Qué poderosos y fuertes somos ante Jesucristo cuando estamos armados con los méritos e intercesión de la digna Madre de Dios, quien según palabras de San Agustín, venció amorosamente al Todopoderoso! María purifica nuestras buenas obras, las embellece y hace aceptables a su Hijo divino.

II. María purifica nuestras buenas obras

146. Por esta devoción entregamos al Señor, por manos de su Madre Santísima, todas nuestras buenas obras.

Esta bondadosa Madre las purifica, embellece, presenta a Jesucristo y hace que su Hijo las acepte.

1) Las purifica de toda mancha de egoísmo y del apego aun imperceptible que se desliza insensiblemente en las mejores acciones. Tan pronto como llegan a sus manos purísimas y fecundas, esas manos jamás estériles ni ociosas y que purifican todo cuanto tocan limpian en lo que ofrecemos todo lo que tenga de impuro o imperfecto.

147. 2) Las embellece, adornándolas con sus méritos y virtudes. Pensemos en un labrador cuya riqueza fuera una manzana y deseara granjearse la simpatía y benevolencia del rey. ¿Qué haría? Acudir a la Reina y presentarle la manzana para ella la ofrezca al Soberano. La Reina acepta el modesto regalo, coloca la manzana en una grande y hermosa bandeja de oro y la presenta al rey en nombre del labrador. En esta forma, la manzana de suyo indigna de ser presentada al Soberano, se convierte en un obsequio digno de su Majestad, gracias a la bandeja de oro y a la persona que la entrega.

148. 3) María presenta esas buenas obras a Jesucristo, no reserva para si nada de lo que se le ofrece: todo lo presenta fielmente a Jesucristo. Si le entregas algo, necesariamente lo entregas a Jesucristo. Si la alabas, necesariamente alabas y glorificas al Señor. ¡Si las ensalzas y bendices, Ella como cuando Santa Isabel la alabó entona su cántico "Proclama mi alma al Señor!"

149. 4) Por insignificante y pobre que sea para Jesucristo, Rey de reyes y Santo de los santos, el don

que le presentas, María hace que El acepte tus buenas obras. Pero quien, por su cuenta y apoyado en su propia industria y habilidad, lleva algo a Jesucristo, debe recordar que El examina el obsequio y, muchas veces, lo rechaza por hallarlo manchado de egoísmo lo mismo que en otro tiempo rechazó los sacrificios de los judíos por estar llenos de voluntad propia. Pero si al presentar algo a Jesús, lo ofreces por las manos puras y virginales de su Madre amadísima, le coges por su flaco si me permites la expresión. El no mirará tanto el don que le ofreces, cuanto a su bondadosa Madre que es quien se lo presenta, ni considera tanto la procedencia del don, cuanto a Aquella que se lo ofrece. Así, María jamás rechazada y siempre bien recibida por su Hijo hace que el Señor acepte con agrado cuanto se le ofrezca grande o pequeño: basta que María lo presente para que Jesús lo acepte y se complazca en el obsequio. El gran consejo que san Bernardo daba a aquellos que dirigía a la perfección era éste: "Si quieres ofrecer algo a Dios, procura presentarlo por las manos agradabilísimas y dignísimas de María, si no quieres ser rechazado".

150. ¿No es esto acaso lo que la misma naturaleza inspira a los pequeños respecto a los grandes, como hemos visto ya? (Nº 147) ¿Por qué no habría de enseñarnos la gracia a observar la misma conducta para con Dios, infinitamente superior a nosotros y ante quien somos menos que átomos? ¿Tanto más teniendo como tenemos una abogada tan poderosa, que jamás ha sido desairada, tan inteligente, que conoce todos los secretos para conquistar el corazón de Dios, tan caritativa, que no se rechaza a nadie por pequeño o

malvado que sea? Más adelante expondré en la historia de Jacob y Rebeca la figura verdadera de lo que voy diciendo.

ARTÍCULO CUARTO
Esta devoción es un medio excelente para procurar la mayor gloria de Dios.

151. Cuarto motivo. Esta devoción, fielmente practicada, es un medio excelente para enderezar el valor de nuestras buenas obras a procurar la mayor gloria de Dios. Casi nadie obra con esta noble finalidad, a pesar de que a ello estemos obligados, sea porque no sabemos dónde está la mayor gloria de Dios, sea porque no la buscamos. Ahora bien, dado que la Santísima Virgen a quien cedemos el valor y mérito de nuestras buenas obras conoce perfectamente donde está la mayor gloria de Dios y todo su actuar es procurarla, el perfecto servidor de esta amable Señora a quien se ha consagrado totalmente como hemos dicho puede afirmar resueltamente que el valor de todas sus acciones, pensamientos y palabras se ordena a la mayor gloria de Dios, a no ser que haya revocado expresamente su ofrenda. ¿Será posible hallar algo más consolador para una persona que ama a Dios con amor puro y desinteresado y aprecia la gloria e intereses de Dios más que los suyos propios?

ARTÍCULO QUINTO
Esta devoción conduce a la unión con el Señor.

152. Quinto motivo. Esta devoción es camino fácil, corto, perfecto y seguro para llegar a la unión con Dios, en la cual consiste la perfección cristiana.

I. Es un camino fácil

Es el camino abierto por Jesucristo al venir a nosotros y en el que no hay obstáculos para llegar a Él. Ciertamente que se puede llegar a Jesucristo por otros caminos. Pero en ellos se encuentran cruces más numerosas, muertes extrañas y dificultades apenas superables; será necesario pasar por noches obscuras, temibles combates y agonía, escarpadas montañas, punzantes espinas y espantosos desiertos. Pero, por el camino de María se avanza más suave y tranquilamente. Cierto que también encontramos rudos combates y grandes dificultades a superar. Pero esta bondadosa madre y Señora se hace tan cercana y presente a sus fieles servidores para iluminarlos en sus tinieblas, esclarecerlos en sus combates y dificultades, que en verdad este camino virginal para encontrar a Jesús resulta de rosas y mieles, comparado con los demás. Ha habido santos, pero en corto número, como San Efrén, San Juan Damasceno, San Bernardo, San Bernardino, San Buenaventura, San Francisco de Sales, etc. Que han transitado por este camino suave para ir a Jesucristo, porque el Espíritu Santo, Esposo fiel de María, se lo ha enseñado por gracia singular. Pero los otros santos, que son la mayoría aunque hayan tenido todos devoción a la Santísima Virgen, no han entrado o sólo muy poco en este camino. Es por ello que tuvieron que pasar por las pruebas más rudas y peligrosas.

153. ¿De dónde precederá entonces, me preguntará algún fiel servidor de María, que los fieles servidores de esta bondadosa Madre encuentran tantas ocasiones de padecer y aún más que aquellos que no le son tan devotos? Los contradicen, persigue, calumnian y no los pueden tolerar... o caminan entre tinieblas interiores o por desiertos donde se da la menor gota de rocío del cielo. Si esta devoción a la Santísima Virgen facilita el camino para llegar a Jesucristo, ¿por qué son sus devotos los más crucificados?

154. Le respondo que ciertamente, siendo los más fieles servidores de la Santísima Virgen sus preferidos, reciben de Ella los más grandes favores y gracias del cielo, que son las cruces. Pero sostengo que los servidores de María llevan estas cruces con mayor facilidad, mérito y gloria y que lo que mil veces detendría a otros o los haría caer, a ellos no los detiene nunca sino que los hace avanzar, porque esta bondadosa Madre, plenamente llena de gracia y unión del Espíritu Santo; endulza todas cruces que les prepara con el azúcar de su dulzura maternal y con la unción del amor puro, de modo que ellos las comen alegremente como nueces confitadas aunque de por sí sean muy amargas.

Y creo que una persona que quiere ser devota y vivir piadosamente en Jesucristo y, por consiguiente, padecer persecución y cargar todos los días su cruz, no llevará jamás grandes cruces o no las llevará con alegría y hasta el fin, si no profesa tierna devoción a la Santísima Virgen, que es la dulzura de las cruces: como tampoco podría una persona, sin gran violencia que no sería duradera comer nueces verdes no confitadas con azúcar.

II. Es un camino corto.

155. Esta devoción a la Santísima Virgen es camino corto para encontrar a Jesucristo. Sea porque en él nadie se extravía, sea porque como acabo de decir se avanza por él con mayor gusto y facilidad y, por consiguiente, con mayor rapidez.

Se adelanta más en poco tiempo de sumisión y obediencia a María que en años enteros de hacer nuestra propia voluntad y apoyarnos en nosotros mismos. Porque el hombre obediente y sumiso a María cantará victorias señaladas sobre todos sus enemigos. Estos, ciertamente, querrán impedirle que avance, hacerle retroceder o caer, pero con el apoyo, auxilio y dirección de María, sin caer, retroceder ni detenerse avanzará a pasos agigantados hacia Jesucristo por el mismo camino por el que está escrito que Jesús vino a nosotros a pasos de gigante y en corto tiempo.

156. ¿Cuál crees sea el motivo de que Jesucristo haya vivido tan poco tiempo sobre la tierra y obediencia a su Madre? Es éste: Que no obstante, la brevedad de su carrera mortal, vivió largos años, inclusive muchos más que Adán cuyas pérdidas vino a reparar aunque éste haya vivido más de novecientos años. Largo tiempo vivió Jesucristo porque vivió en sumisión y

unión a su Santísima Madre, por obediencia al Padre. Porque:

1º El que honra a su madre dice el Espíritu Santo es como el que atesora, es decir, el que honra a María, hasta someterse a Ella y obedecerla en todo, pronto se hará muy rico, pues cada día acumula riquezas por el secreto de esta piedra filosofal;

2º Según una interpretación espiritual de las siguientes palabras del Espíritu Santo: "Mi vejez se encuentra en la misericordia del seno", en el seno de María la que rodeó y engendró a un varón perfecto y pudo contener a Aquel a quien no puede abrazar ni contener a Aquel a quien no puede abrazar ni contener todo el universo los jóvenes se convierten en ancianos por la experiencia, luz, santidad y sabiduría y llegan en pocos años a la plenitud de la edad en Jesucristo.

III. Es un camino perfecto.

157. Esta devoción a la Santísima Virgen es camino perfecto para ir a Jesucristo y unirse con El. Porque María es la más perfecta y santa de las puras creaturas y Jesucristo que ha venido a nosotros de la manera más perfecta, no tomó otro camino para viaje tan grande y admirable que María.

El Altísimo, el Incomprensible, el Inaccesible y EL QUE ES ha querido venir a nosotros, gusanillos de la tierra y que no somos nada. ¿Cómo sucedió esto?

El Altísimo descendió de manera perfecta y divina hasta nosotros por medio de la humilde María, sin perder nada de su divinidad ni santidad. Del mismo modo, deben subir los pequeñuelos hasta el Altísimo perfecta y divinamente y sin temor alguno, a través de María.

El Incomprensible se dejó abarcar y contener perfectamente por la humilde María, sin perder nada de su inmensidad. Del mismo modo, debemos dejarnos contener y conducir perfectamente y sin reservas por María.

El Inaccesible se acercó y unió estrecha, perfecta y aun personalmente a nuestra humanidad por María, sin perder nada de su majestad. Del mismo modo, por María, debemos acercarnos a Dios y unirnos a su majestad, perfecta e íntimamente, sin temor de ser rechazados.

Finalmente, EL QUE ES quiso venir a lo que no es y hacer que lo que no es llegue a Dios o El que es. Esto lo realizó perfectamente, entregándose y sometiéndose incondicionalmente a la joven Virgen María, sin dejar de ser en el tiempo El que es en la eternidad. Del mismo modo, nosotros, aunque no seamos nada, podemos por María llegar a ser semejantes a Dios por la gracia y la gloria, entregándonos perfectamente y totalmente a Ella, de suerte que no siendo nada por nosotros mismos, lo seamos todo en Ella, sin temor de engañarnos.

158. Ábranme un camino para ir a Jesucristo, embaldosado con todos los méritos de los bienaventurados, adornado con todas sus virtudes heroicas, iluminado y embellecido con todos los esplendores y bellezas de los ángeles y en el que se presenten todos los ángeles y santos para guiar, defender y sostener a quienes quieren andar por él...

afirmo abiertamente con toda verdad que antes que tomar camino tan perfecto, prefiero seguir el camino inmaculado de María, vía o camino sin mancha ni fealdad, sin pecado original ni actual, sin sombras ni tinieblas. Y si mi amable Jesús viene otra vez al mundo para reinar en él como sucederá ciertamente, no escogerá para su viaje otro camino que el de María, por quien vino la primera vez con tanta seguridad y perfección. La diferencia entre una y otra venida es que la primera fue secreta y escondida, mientras que la segunda será gloriosa y fulgurante. Pero ambas son perfectas, porque ambas se realizan por María. ¡Ay! ¡Este es un misterio que aún no se comprende! "¡Enmudezca aquí toda la lengua!"

IV. Es un camino seguro.

159. Esta devoción a la Santísima Virgen es camino seguro para ir a Jesucristo y alcanzar la perfección uniéndonos a Él.

1) Porque esta práctica que estoy enseñando no es nueva. Es tan antigua que no se pueden señalar con precisión sus comienzos como dice en un libro que escribió sobre esta devoción M. Boudon, muerto hace poco en olor de santidad. Es cierto, sin embargo, que se hallan vestigios de ella en la iglesia hace más de setecientos años.

San Odilón, abad de Cluny que vivió hacia el año 1040 fue uno de los primeros en practicarla en Francia, como se consigna en su biografía.

El cardenal San Pedro Damián relata que en el año 1076 su hermano, el Beato Marín, se hizo esclavo de la

Santísima Virgen, en presencia de su director espiritual y en forma muy edificante: se echó una cuerda al cuello, tomó una disciplina y colocó en el altar una suma de dinero como señal de vasallaje y consagración a la Santísima Virgen. Actitud en la cual perseveró tan fielmente toda su vida que a la hora de su muerte mereció ser visitado y consolado por su bondadosa Soberana y escuchar de sus labios la promesa del paraíso en recompensa de sus servicios.

César Bolando hace mención de un ilustre caballero, Walter de Birbarc, pariente próximo de los duques de Lovaina, quien hacia el año 1300 hizo la consagración de sí mismo a la Santísima Virgen.

Muchas otras personas practicaron en privado esta devoción hasta el siglo XVII, en que se hizo pública.

160. El Padre Simón Rojas, de la Orden de la Trinidad Redención de Cautivos, predicador en la corte de Felipe III, puso en boga esta devoción por toda España y Alemania y obtuvo de Gregorio XV, a instancias del mismo rey, grandes indulgencias para quienes la practicasen.

El P. Bartolomé de los Ríos, agustino, se dedicó con el Beato Simón Rojas, íntimo amigo suyo, a extender de palabra y por escrito esta devoción en España y Alemania. Escribió un grueso volumen, titulado De Hierachia Mariana, en él trata con tanta piedad como erudición de la antigüedad, excelencia y solidez de esta devoción.

161. Los Padres Teatinos propagaron esta devoción en Italia, Sicilia y Saboya, durante el último siglo. El R.

P. Estanislao Falacio, S.J., la dio a conocer maravillosamente en Polonia. El P. de los Ríos, en su libro antes citado, consigna los nombres de los príncipes, princesas y cardenales de diferentes naciones que abrazaron esta devoción. El R. P. Cornelio Alápide, tan recomendable por su piedad como por su ciencia profunda, recibió de muchos obispos y teólogos el encargo de examinar esta devoción. Después de examinarla maduramente, hizo de ella grandes alabanzas dignas de su piedad. Muchos otros grandes personajes siguieron su ejemplo. Los RR. PP. Jesuitas, siempre celosos en el servicio de la Santísima Virgen, presentaron en nombre de los Congregantes de Colonia un opúsculo sobre la santa Esclavitud, al duque Fernando de Baviera arzobispo entonces de Colonia. Este lo aprobó y permitió imprimirlo y exhortó a todos los párrocos y religiosos de sus diócesis a difundir en la medida de lo posible esta sólida devoción.

162. El cardenal de Bérulle, cuya memoria bendice toda Francia, fue uno de los más celosos en propagar por Francia esta devoción, a pesar de todas las calumnias y persecuciones que le levantaron los críticos y libertinos. Estos le acusaron de novedad y superstición y publicaron contra él un folleto difamatorio, sirviéndose o más bien el demonio se sirvió por medio de ellos de mil argucias para impedirle divulgar en Francia esta devoción. Pero este santo varón respondió a las calumnias con su paciencia y a las objeciones del libelo con un breve escrito en que las refutó victoriosamente, demostrando que esta práctica

que funda en el ejemplo de Jesucristo, las obligaciones que tenemos para con El y las promesas del santo Bautismo. Particularmente con esta última razón cerró la boca a sus adversarios, haciéndoles ver que esta consagración a la Santísima Virgen y por medio de Ella a Jesucristo no es más que una perfecta renovación de los votos y promesas del Bautismo. Añade muchas y muy hermosas cosas sobre esta devoción, que pueden leerse en sus obras.

163. En el citado libro de M. Boudon pueden verse los nombres de los diferentes Papas que han aprobado esta devoción, de los teólogos que la han examinado, las persecuciones suscitadas contra ella y sobre las cuales ha triunfado y los millares de personas que la han abrazado sin que jamás ningún Papa la haya condenado. Y es que no se la podría condenar sin trastornar los fundamentos del cristianismo.

Consta, pues, que esta devoción no es nueva. Y si no es común se debe a que es demasiado preciosa para ser saboreada y practicada por toda clase de personas.

164. 2) Esta devoción es un medio seguro para ir a Jesucristo. Efectivamente el oficio de la Santísima Virgen en conducirnos con toda seguridad a Jesucristo, así como el de Este es llevarnos al Padre con toda seguridad. No se engañen, pues, las personas espirituales creyendo falsamente que María les impida llegar a la unión con Dios. Porque, ¿será posible que la que halló gracia delante de Dios para todo el mundo en general y para cada uno en particular, estorbe a las almas alcanzar la inestimable gracia de la unión con

Jesucristo? ¿Será posible que la que fue total y sobreabundantemente llena de gracia y tan unida y transformada en Dios que lo obligó a encarnarse en Ella, impida al alma vivir unida a Dios?

Ciertamente que la vista de las otras creaturas, aunque santas, podrá en ocasiones retardar la unión divina, pero no María como he dicho y no me cansaré de repetirlo. Una de las razones que explican por qué son tan pocas las almas que llegan a la madurez en Jesucristo, es que María que ahora como siempre es la Madre de Cristo y la Esposa fecunda del Espíritu Santo no está bastante formada en los corazones. Quien desee tener el fruto maduro y bien formado, debe tener el árbol que lo produce. Quien desee tener el fruto de vida Jesucristo debe tener el árbol de la vida Jesucristo debe tener el árbol de la vida, que es María. Quien desee tener en sí la operación del Espíritu Santo, debe tener a su Esposa fiel e inseparable, la excelsa María, que le hace fértil y fecundo, como hemos dicho antes.

165. Persuádete, pues, de que cuanto más busques a María en tus oraciones, contemplaciones, acciones y padecimientos si no de manera clara y explícita, al menos con mirada general e implícita más perfectamente hallarás a Jesucristo, que está siempre en María, grande y poderoso, dinámico e incomprensible, como no lo está en el cielo ni en ninguna otra creatura del universo. Así, la excelsa María, toda transformada en Dios lejos de obstaculizar a los perfectos la llegada a la unión con Dios es la creatura que nos ayuda más eficazmente en obra tan importante. Y esto, en forma que no ha habido ni habrá jamás otra igual a Ella, ya por las gracias que para ello

nos alcanza pues como dice un Santo, "nadie se llena del pensamiento de Dios sino por Ella; ya por las ilusiones y engaños del maligno espíritu, de las que Ella nos librará.

166. Donde está María no pude estar el espíritu maligno. Precisamente una de las señales de que somos gobernados por el buen espíritu es el ser muy devotos de la Santísima Virgen, pensar y hablar frecuentemente de Ella. Así piensa San Germán quien añade que así como la respiración es señal cierta de que el cuerpo no está muerto, del mismo modo el pensar con frecuencia en María e invocarla amorosamente es señal cierta de que el alma no está muerta por el pecado.

167. Siendo así que según dicen la iglesia y el Espíritu Santo que la dirige María sola ha dado muerte a todas las herejías por más que los críticos murmuren jamás un fiel devoto de María caerá en herejía o ilusión, al menos formales. Podrá, tal vez, aunque más difícilmente que los otros errar materialmente, tomar la mentira por verdad y el mal espíritu por bueno... pero, tarde o temprano, conocerá su falta y error material y, cuando lo conozca, no se obstinará en creer y defender lo que había tenido como verdadero.

V. Es un camino marcado por Jesús

168. Cualquiera, pues, que desee avanzar, sin temor a ilusiones cosa ordinaria entre personas de oración por los caminos de la santidad y hallar con seguridad y perfección a Jesucristo, debe abrazar de todo corazón,

con ánimo generoso y resuelto, esta devoción a la Santísima Virgen que tal vez no haya conocido todavía y que yo le enseño ahora: "Les voy a mostrar un camino más excelente". Es el camino abierto por Jesucristo, la Sabiduría encarnada, nuestra única Cabeza. El miembro de esta Cabeza que avanza por dicho camino no puede extraviarse.

Que entre, entonces, por este camino fácil, a causa de la plenitud de la gracia y unción del Espíritu Santo que lo llena: nadie se cansa ni retrocede, si camina por él. Es camino corto, que en breve nos lleva a Jesucristo. Es camino perfecto, sin lodo ni polvo ni fealdad de pecado. Es, finalmente, camino seguro, que de manera directa y segura, sin desviarnos ni a la derecha ni a la izquierda, nos conduce a Jesucristo y a la vida eterna. Entremos, pues, por este camino y avancemos por él, día y noche, hasta la plena madurez en Jesucristo.

ARTÍCULO SEXTO
Esta devoción nos lleva a la plena libertad de los hijos de Dios

169. Sexto motivo. Esta devoción da a quienes la practican fielmente una gran libertad interior: la libertad de los hijos de Dios. Porque haciéndose el hombre esclavo de Jesucristo y consagrándose a Él por esta devoción, el Señor en recompensa de la amorosa esclavitud por la que hemos optado:

1° quita del alma todo escrúpulo y temor servil que pudiera angustiarla, esclavizarla y perturbarla;

2° ensancha el corazón con una santa confianza en Dios, haciendo que lo mire como a su Padre;

3° nos inspira un amor tierno y filial.

170. No me detengo a probar con razones esta verdad. Me contento con referir un hecho histórico que leí en la Vida de la Madre Inés de Jesús, religiosa dominica del convento de Langeac Alvernia, donde murió en olor de santidad en 1634. Contaba apenas siete años y ya padecía grandes congojas espirituales. Oyó entonces una voz que le dijo: "Si quieres verte libre de todas tus angustias y ser protegida contra todos tus enemigos, hazte cuanto antes esclava de Jesús y de su Santísima Madre".

Al regresar a su casa, se apresuró a consagrarse enteramente como esclava a Jesús y María, aunque por entonces no sabía lo que era esta devoción. Habiendo encontrado después una cadena de hierro, se la puso a la cintura y la llevó hasta la muerte. Hecho esto, cesaron todas sus congojas y escrúpulo y halló tanta paz y amplitud de corazón que se comprometió a enseñar esta devoción a muchos otros, quienes a su vez hicieron con ella grandes progresos.

Recordemos entre otros a M. Olier, fundador del Seminario de San Sulpicio, y a muchos sacerdotes y eclesiásticos del mismo seminario. Se le apareció un día la Santísima Virgen y le puso al cuello una cadena de oro, en prueba del gozo que le había causado al hacerse esclava suya y de su Hijo.

Y santa Cecilia que acompañaba a la Santísima Virgen, le dijo: "Dichosos los fieles esclavos de la Reina del cielo, porque gozarán de la verdadera libertad: Servirte a ti, es la libertad".

ARTÍCULO SÉPTIMO
Esta devoción produce grandes ventajas al prójimo.

171. Séptimo motivo. Puede movernos a abrazar esta práctica el considerar los grandes bienes que reporta a nuestro prójimo. Efectivamente, con ella se ejercita de manera eminente la caridad con el prójimo, porque se le da, por manos de María, lo más precioso y caro que tenemos, que es el valor satisfactorio e impetratorio de todas las buenas obras, sin exceptuar el menor pensamiento bueno ni el más leve sufrimiento. Se acepta que todas las satisfacciones adquiridas hasta ahora y las que se adquieran hasta la muerte, sean empleadas según la voluntad de la Santísima Virgen, en la conversión de los pecadores o la liberación de las almas del Purgatorio.

¿No es esto amar perfectamente al prójimo? ¿No es esto pertenecer al número de los verdaderos discípulos de Jesucristo, cuyo distintivo es la caridad? ¿No es éste el medio de convertir a los pecadores, sin temor a la vanidad, y librar a las almas del Purgatorio, casi sin hacer otra cosa que lo que cada cual está obligado a hacer conforme a su estado?

172. Para comprender la excelencia de este motivo sería indispensable conocer el gran valor que tiene la conversión de un pecador o la liberación de un alma del Purgatorio: bien infinito, mayor que la creación del cielo y de la tierra, pues se da a un alma la posesión de Dios. De suerte que aun cuando por esta devoción no se sacase en toda la vida más que a un alma del Purgatorio o no se convirtiese más que a un solo

pecador. ¿No sería esto motivo suficiente para mover a todo hombre caritativo a optar por ella?

Se nota, además, que nuestras buenas obras, al pasar por las manos de María, reciben un aumento de pureza y, por lo mismo, de mérito y valor satisfactorio e impetratorio. Con lo cual se hace mucho más capaces de aliviar a las almas del Purgatorio y convertir a los pecadores, que si no pasaran por las manos virginales y liberales de María. Lo poquito que damos por medio de la Santísima Virgen, sin voluntad propia y por caridad pura y desinteresada, llega a ser realmente poderoso para aplacar la cólera de Dios y atraer su misericordia. De suerte que una persona que haya sido enteramente fiel a esta práctica encontrará en la hora de la muerte, que ha librado a muchas almas del Purgatorio y convertido a muchos pecadores, por medio de esta devoción, aunque sólo haya realizado las obras de su propio estado ¡Qué gozo en el día del juicio! ¡Qué gloria en la eternidad!

ARTÍCULO OCTAVO
Esta devoción es un medio maravilloso de perseverancia

173. Octavo motivo. Finalmente, lo que más poderosamente nos induce a abrazar esta devoción a la Santísima Virgen es el reconocer en ella un medio admirable para perseverar en la virtud y ser fieles a Dios ¿Por qué, en efecto, la mayor parte de las conversiones no es permanente? ¿Por qué se recae tan fácilmente en el pecado? ¿Por qué la mayor parte de los justos, en vez de adelantar de virtud en virtud y

adquirir nuevas gracias, pierde muchas veces las pocas virtudes y gracias que poseía? Esta desgracia proviene como hemos dicho de que, no obstante estar el hombre tan corrompido y ser tan débil e inconstante, ¡se apoya en sus propias fuerzas y se cree capaz de guardar el tesoro de sus gracias, virtudes y méritos!

Ahora bien, por esta devoción, confiamos a la Virgen fiel todo cuanto poseemos, constituyéndola depositaria universal de todos nuestros bienes, de naturaleza y gracia. Confiamos en su fidelidad, nos apoyamos en su poder y nos fundamos en su misericordia y caridad, para que Ella conserve y aumente nuestras virtudes y méritos, a pesar del demonio, el mundo y la carne, que hacen esfuerzos para arrebatárnoslos. Le decimos como el hijo a su madre y el buen siervo a su señor "¡Guarda el buen depósito!" Madre y Señora, reconozco que por tu intercesión he recibido hasta ahora más gracias de Dios de las que yo merecía. La triste experiencia me enseña que llevo este tesoro en un vaso muy frágil y que soy muy débil y miserable para conservarlo en mí mismo: Yo, pequeño y despreciado como soy.. Recibe, por favor, cuanto posee y consérvamelo con tu fidelidad y tu poder. Si tú me guardas, no perderé nada; si me sostienes, no caeré; si me proteges, estaré seguro ante mis enemigos.

174. San Bernardo dice en términos formales esto mismo para inspirarnos esta práctica: "Cuando Ella te sostiene, no caes; cuando Ella te protege, no temes; cuando Ella te guía, no te fatigas; cuando Ella te es favorable, llegas hasta el puerto de salvación.

San Buenaventura parece decir lo mismo en términos más explícitos: "La Santísima Virgen no solamente se mantiene y conserva a los santos en su plenitud, para que ésta no disminuya, impide que sus virtudes se debiliten, que sus méritos perezcan, que sus gracias se pierdan, que los demonios les hagan daño, que el Señor los castigue cuando pecan.

175. María es la Virgen fiel, que por su fidelidad a Dios repara las pérdidas, que la Eva infiel causó con su infidelidad, y alcanza a quienes confían en Ella la fidelidad para con Dios y la perseverancia. Por esto, San Juan Damasceno la compara a un áncora firme que nos sostiene e impide que naufraguemos en el mar tempestuoso de este mundo, en donde tantos perecen por no aferrarse a ella: "Átanos dice las almas a tu esperanza como a un áncora firme". Los santos, que se han salvado, estuvieron firmemente adheridos a Ella y a Ella ataron a otros para que perseveraran en la virtud.

¡Dichosos, pues, una y mil veces, los cristianos que ahora se aferran fiel y enteramente a María como a áncora firme! ¡Los embates tempestuosos de este mundo no los podrá sumergir ni les harán perder sus tesoros celestiales!

¡Dichosos quienes entran en María como en el arca de Noé! Las aguas del diluvio de los pecados que anegan a tantas personas no les harán daño, porque los que obran por mí no pecarán, dice la divina Sabiduría, es decir, los que están en mi para trabajar en su salvación no pecarán.

¡Dichosos los hijos infieles de la infeliz Eva que se aferran a la Madre y Virgen fiel!, la cual permanece siempre fiel y no puede negarse a sí misma. "Si somos infieles, (Ella) permanece fiel, porque no puede desmentirse a sí misma" y responde siempre con amor a quienes la aman: "Yo amo a los que me aman". Y los ama no sólo con amor afectivo, sino con amor efectivo y eficaz, impidiendo mediante gracias abundantes, que retrocedan en la virtud o caigan en el camino y pierdan así la gracia de su Hijo.

176. Esta Madre bondadosa recibe siempre, por su pura caridad, cuanto se le confía en depósito. Y, una vez que lo ha recibido como depositaría, se obliga en justicia en virtud del contrato de depósito a guardárnoslo como una persona a quien yo hubiera confiado en depósito quinientos pesos quedaría obligada a guardármelos, de suerte que, si por negligencia suya se perdiesen, sería responsable de la pérdida en rigor de justicia. Pero ¿qué digo? Esta fiel Señora no dejará jamás que por negligencia se pierda lo que se le ha confiado: el cielo y a tierra pasarán, antes que Ella se negligente o infiel con fieles con quienes confían en Ella.

177. ¡Pobres hijos de María! ¡La debilidad de ustedes es extrema, grande su inconstancia, muy corrompida su naturaleza! Lo confieso: ¡Han sido extraídos de la misma masa corrompida de Adán y Eva! Pero no se desalienten por ello! Consuélense y alégrense! Oigan el secreto que les descubro: secreto desconocido a casi todos los cristianos aun a los más devotos.

No guarden su oro ni su plata en cofres que ya fueron rotos por el espíritu maligno que los saqueó. Cofres que, además, son muy pequeños y endebles y están envejecidos para contener tan grandes y preciosos tesoros. No echen el agua pura y cristalina de la fuente en vasijas sucias e infectadas por el pecado. Si éste no se halla ya en ellas, queda todavía su mal olor que contaminaría el agua. No echen sus vinos exquisitos en toneles viejos, que han estado llenos de vinos malos, se echarían a perder o correrían peligro de derramarse.

178. Almas predestinadas, ¡sé que me han entendido! Pero ¡quiero hablarles aún con mayor claridad!

No confíen el oro de su caridad, la plata de su pureza, las aguas de las gracias celestiales ni los vinos de sus méritos y virtudes a un saco agujereado, a un cofre viejo y roto, a un vaso infecto y contaminado, como lo son ustedes mismos. Porque serán robados por los ladrones, esto es, por los demonios, que día y noche acechan y espían el momento oportuno para ello; y todo lo más puro que Dios les ha dado a ustedes lo corromperán con el mal de su egoísmo, de la confianza en ustedes mismos y de su propia voluntad.

Guarden más bien, viertan en el seno y corazón de María, todos sus tesoros, gracias y virtudes. Ella es Vaso espiritual, Vaso de honor, Vaso insigne de devoción. Desde que el mismo Dios se encerró en él personalmente y con todas sus gracias, este vaso se tornó totalmente espiritual y se convirtió en morada espiritual de las almas más espirituales, se hizo digno de honor y trono de honor de los mayores príncipes de la eternidad, se tornó insigne en devoción y la mansión más espléndida en dulzuras, gracias y virtudes; se hizo, finalmente, rico como una casa de oro, fuerte como la torre de David y puro como torre de marfil.

179. ¡Oh! ¡Qué feliz es el hombre que lo ha entregado todo a María, que en todo y por todo se confía y pierde en María! ¡Es todo de María y María es toda de él! Puede decir abiertamente con David: "María ha sido hecha para mí. O con el discípulo amado "La tomé por todos mis bienes" O con Jesucristo: "Todo lo mío es tuyo y todo lo tuyo, mío.

180. Si algún crítico, al leer esto, piensa que hablo aquí hiperbólicamente o por devoción exagerada, no me está entendiendo. O porque es hombre carnal, que de ningún modo gusta de las cosas del espíritu, o porque es del mundo de ese mundo que no puede recibir al Espíritu Santo, o porque es orgulloso y crítico, que condena o desprecia todo lo que no entiende. Pero, quienes nacieron no de la sangre ni de la voluntad de la carne ni de la voluntad de varón, sino de Dios y de María, me comprenden y gustan y para ellos estoy escribiendo.

181. Digo, sin embargo, a unos y a otros volviendo al asunto interrumpido que siendo la excelsa María la más noble y generosa de todas las puras creaturas, jamás se deja vencer en amor ni generosidad. Ella, como dice un santo devoto, "por un huevo te dará un buey", es decir, por lo poquito que le damos, no dará en retorno mucho de lo que ha recibido de Dios. Por consiguiente, si te entregas a Ella sin reservas y pones en Ella tu confianza sin presunción y trabajando por tu parte para adquirir

las virtudes y domar las pasiones, Ella se dará a ti totalmente.

182. Digan, pues, abiertamente, con San Juan Damasceno, los fieles servidores de María: "Si confío en ti, oh Madre de Dios, me salvaré; protegido por ti, nada temeré; con tu auxilio, combatiré a mis enemigos y los pondré en fuga: porque ser devoto tuyo es una arma de salvación que Dios da a los que quiere salvar".

En mi está toda la esperanza

CAPÍTULO SEXTO

Figura Bíblica de esta perfecta devoción: Rebeca y Jacob

183. El Espíritu Santo nos ofrece en el libro del Génesis una figura admirable de todas las verdades que acabo de exponer respecto a la Santísima Virgen y a sus hijos y servidores. La hallamos en la historia de Jacob que, por diligencia e industria de su madre, Rebeca, recibió la bendición de su padre, Isaac. Oigámosla como la refiere el Espíritu Santo. Luego añadiré mi propia explicación.

ARTÍCULO PRIMERO
Historia bíblica de Rebeca y Jacob

184. Esaú había vendido a Jacob sus derechos de primogenitura. Rebeca, madre de ambos hermanos, que amaba tiernamente a Jacob, le aseguró muchos años después estos derechos, mediante una estrategia santa y toda llena de misterio. Isaac, sintiéndose ya muy viejo y deseando bendecir a sus hijos antes de morir, llamó a Esaú, a quien amaba, y le encargó saliese de caza a conseguir algo de comer para bendecirle después. Rebeca comunicó al punto a Jacob lo que sucedía y le mandó traer dos cabritos del rebaño. Cuando los trajo y entregó a su madre, ella los preparó al gusto de Isaac que bien conocía, vistió a Jacob con los vestidos de Esaú, que ella guardaba, y, le cubrió las manos y el cuello con la piel de los cabritos, a fin de

que su padre, que estaba ciego, al oír la voz de Jacob, creyese al menos por el vello de sus manos que era Esaú. Sorprendido, en efecto, Isaac por el timbre de aquella voz que le parecía ser de Jacob, le mandó acercarse, y palpando el pelo de las pieles que le cubrían las manos, dijo que verdaderamente la voz era la de Jacob, pero las manos de Esaú. Después que comió y, al besar a Jacob, sintió la fragancia de sus vestidos, le bendijo y deseó el rocío del cielo y la fecundidad de la tierra, le hizo señor de todos sus hermanos y finalizó su bendición con estas palabras: "Maldito el que te maldiga y bendito quien te bendiga".

Apenas había Isaac concluido estas palabras, he aquí que entra Esaú trayendo para comer de lo que había cazado, a fin de recibir luego la bendición de su padre. El santo patriarca se sorprendió, con increíble asombro, al darse cuenta de lo ocurrido. Pero lejos de retractar lo que había hecho, lo confirmó. Porque veía claramente el dedo de Dios en este suceso. Esaú, entonces, lanzó bramidos anota la Santa Escritura acusando a gritos, de engañador a su hermano y preguntó a su padre si no tenía más que una bendición (En todo esto como advierten los santos Padres que figura de aquellos que, hallando cómodo juntar a Dios con el mundo, quieren gozar a la vez de los consuelos del cielo y los deleites de la tierra). Isaac, conmovido por los lamentos de Esaú, lo bendijo, por fin, pero con una bendición de la tierra, sometiéndolo a su hermano. Lo que le hizo concebir un odio tan irreconciliable contra Jacob, que no esperaba sino la muerte de su padre para matarlo. Y Jacob no hubiera podido escapar a la muerte, si Rebeca, su tierna madre, no lo hubiera salvado con su solicitud y con los buenos consejos que le dio y que él siguió con fidelidad.

II. Explicación.

185. Antes de explicar esta bellísima historia es preciso advertir que, según los santos Padres y los exégetas, Jacob es figura de Cristo y de los predestinados, mientras que Esaú lo es de los réprobos. Para pensar así, basta examinar las acciones y conducta de uno y otro.

Esaú, figura de los réprobos.

1) Esaú, el primogénito, era fuerte y de constitución robusta, gran cazador, diestro y hábil en manejar el arco y traer caza abundante;

2) Casi nunca estaba en casa y, confiando sólo en su fuerza y destreza, trabajaba siempre fuera de ella;

3) No se preocupaba mucho por agradar a su madre, Rebeca, de la cual hacía poco caso.

4) Era tan glotón y esclavo de la guía, que vendió su derecho de primogenitura por un plato de lentejas.

5) Como otro Caín estaba lleno de envidia contra su hermano, Jacob, a quien perseguía de muerte.

186. Esta es precisamente la conducta que observan siempre los réprobos:

1) confían en su fuerza y habilidad para los negocios temporales. Son muy fuertes, hábiles e ingeniosos para las cosas terrenas, pero muy ignorantes y débiles para las del cielo.

187. 2) por ello, no permanecen nunca o casi nunca, en su propia casa, es decir, dentro de sí mismos que es la morada interior personal que Dios ha dado a cada hombre para residir allí, a ejemplo suyo, porque Dios vive siempre en Sí mismo. Los réprobos no aprecian el retiro ni las cosas espirituales ni la devoción interior. Califican de personas apocadas, mojigatas y hurañas a quienes cultivan la vida interior, se retiran del mundo y trabajan más dentro que fuera.

188. 3) Los réprobos apenas si se interesan por la devoción a la Santísima Virgen, Madre de los predestinados. Es verdad que no la aborrecen formalmente, algunas veces le tributan alabanzas, dicen que la aman y hasta practican algunas devociones en su honor. Pero, por lo demás, no toleran que se la ame tiernamente, porque no tienen para con Ellas las ternuras de Jacob. Censuran las prácticas de devoción a las cuales los buenos hijos y servidores de María permanecen fieles para ganarse el afecto de Ella. No creen que esta devoción les sea necesaria para salvarse. Pretenden que con tal de no odiar formalmente a la Santísima Virgen ni despreciar abiertamente su devoción, merecen la protección de la Virgen María, cuyos servidores son porque rezan y dicen entre dientes algunas oraciones en su honor, pero carecen de ternura para con Ella y evitan comprometerse en una conversión personal.

189. 4) Los réprobos venden su derecho de primogenitura, es decir, los goces del cielo, por un plato de lentejas, es decir, por los placeres de la tierra.

Ríen, beben, comen, se divierten, juegan, bailan, etc., sin preocuparse como Esaú por hacerse dignos de la bendición del Padre celestial. En pocas palabras: sólo piensan en la tierra, sólo aman las cosas de la tierra, sólo hablan y tratan de las cosas de la tierra y de sus placeres, vendiendo por un momento de placer, por un humo vano de honra y un pedazo de tierra dura, amarilla o blanca, la gracia bautismal, su vestido de inocencia, su herencia celestial.

190. 5) por último, los réprobos odian y persiguen sin tregua a los predestinados, abierta o solapadamente. No pueden soportarlos: los desprecian, los critican, los contradicen, los injurian, les roban, los engañan, los empobrecen, los marginan, los rebajan hasta el polvo, al paso que ellos ensanchan su fortuna, se entregan a los placeres, viven regaladamente, se enriquecen, se engrandecen y viven a sus anchas.

Jacob, figura de los predestinados.

191. 1) Jacob, el hijo menor, era de complexión débil, suave y tranquilo. Permanecía generalmente en casa, para granjearse el favor y gracias de Rebeca, su madre, a quien amaba tiernamente. Si, alguna vez, salía de casa no lo hacía por capricho ni confiado en su habilidad, sino por obedecer a su madre.

192. 2) amaba y honraba a su madre. Por esto permanecía en casa con ella. Nunca se alegraba tanto como cuando la veía. Evitaba cuando pudiera desagradarle y hacía cuanto creía que le complacería.

Todo lo cual aumentaba en Rebeca el amor que ella le profesaba.

193. 3) estaba sometido en todo a su querida madre: le obedecía enteramente en todo, prontamente y sin tardar, amorosamente y sin quejarse. A la menor señal de su voluntad, el humilde Jacob corría a realizarla. Creía cuanto Rebeca le decía, sin discutir, por ejemplo, cuando le mandó que saliera a buscar dos cabritos y se los trajera para aderezar la comida a su padre, Isaac, Jacob no replicó que para preparar una sola comida para una persona bastaba con un cabrito, sino que sin replicar, hizo cuanto ella le ordenó.

194. 4) tenía gran confianza en su querida madre y como no confiaba en su propio valer, se apoyaba solamente en la solicitud y cuidados de su madre. Imploraba su ayuda en todas las necesidades y le consultaba en todas las dudas: por ejemplo, cuando le preguntó si en vez de la bendición, no recibiría más bien la maldición de su padre, creyó en ella y a ella se confió tan pronto Rebeca le contestó que ella tomaría sobre si esta maldición.

195. 5) finalmente, imitaba según su capacidad las virtudes de su madre. Y parece que una de las razones de que permaneciera sedentario en casa era el imitar a su querida y muy virtuosa madre y el alejarse de las malas compañías, que corrompen las costumbres.

En esta forma, se hizo digno de recibir la doble bendición de su querido padre.

196. He aquí el comportamiento ordinario de los predestinados: permanecen asiduamente en casa con su madre, es decir, aman el retiro, gustan de la vida interior, se aplican a la oración, a ejemplo y en compañía de su Madre, la Santísima Virgen, cuya gloria está en el interior, y que durante su vida amó tanto el retiro y la oración.

Ciertamente, de vez en cuando, aparecen en público, pero por obediencia a la voluntad de Dios y a la de su querida Madre y a in de cumplir los deberes de su estado. Y aunque en el exterior realicen aparentemente cosas grandes, estiman mucho más las que adelantan en el interior de sí mismos en compañía de la Santísima Virgen. En efecto allí van realizando la obra importantísima de su perfección, en comparación de la cual las demás obras no son sino juego de niños.

Por eso, algunas veces, mientras sus hermanos y hermanas trabajan fuera con gran empeño, habilidad y éxito, cosechando la alabanza y aprobación del mundo ellos conocen por la luz del Espíritu Santo que se disfruta de mayor gloria, provecho y alegría en vivir escondidos en el retiro con Jesucristo, su modelo, en total y perfecta sumisión a su madre, que en realizar por sí solos maravillas de naturaleza y gracia en el mundo, a semejanza de tantos Esaús y réprobos que hay   en   él.

"En su casa habrá riquezas y abundancia". Sí, en la casa de María se encuentra abundancia de gloria para Dios y de riquezas para los hombres.

Señor Jesús, ¡cuán amables son tus moradas!. El pajarillo encontró casa para albergarse y tórtola nido para colocar sus polluelos. ¡Oh! ¡Cuán dichosos el hombre que habita en la casa de María! ¡Tú fuiste el primero en habitar en Ella! En esta morada de predestinados el cristiano recibe ayuda de ti sólo y dispone en su corazón las subidas y escalones de todas las virtudes para elevarse a la perfección durante su peregrinar terreno.

197. 2) los predestinados aman con filial afecto y honran efectivamente a la Santísima Virgen como a su cariñosa Madre y Señora. La aman no solo de palabra, sino de hecho. La honran no sólo exteriormente, sino en el fondo del corazón. Evitan, como Jacob, cuanto pueda desagradarle y practican con fervor todo lo que creen puede granjearles su benevolencia. Le llevan y entregan no ya dos cabritos, como Jacob a Rebeca, sino lo que representan los dos cabritos de Jacob, es decir, su cuerpo y su alma, con todo cuanto de ellos depende, PARA QUE ELLA:

a) los reciba como cosa suya.

b) les mate y haga morir al pecado y a sí mismos, desollándolos y despojándolos de su propia piel y egoísmo, para agradar por este medio a su Hijo Jesús, que no acepta por amigos y discípulos sino a los que están muertos a sí mismos.

c) los aderece al gusto del Padre Celestial y a su mayor gloria, que Ella conoce mejor que nadie;

d) con sus cuidados e intercesión disponga este cuerpo y esta alma, bien purificados de toda mancha, bien muertos, desollados y aderezados, como manjar delicado digno de la boca y bendición del Padre Celestial.

¿No es esto acaso lo que harán los predestinados que aceptarán y vivirán la perfecta consagración a Jesucristo por manos de María, que aquí les enseñamos para que testifiquen a Jesús y a María, un amor intrépido y efectivo? Los réprobos protestan, muchas veces, que aman a Jesús, que aman y honran a María, pero no lo demuestran con la entrega de sí mismos, ni llegan a inmolarles el cuerpo y el alma con sus pasiones, como los predestinados;

198. 3) éstos sumisos y obedientes a la Santísima Virgen, como a su cariñosa Madre, a ejemplo de Jesucristo, quien de treinta y tres años que vivió sobre la tierra, empleó treinta en glorificar a Dios, su Padre, mediante una perfecta y total sumisión a su Santísima Madre. La obedecen, siguiendo exactamente, sus consejos, como el humilde Jacob los de Rebeca cuando le dijo: "Sigue mi consejo! o como los sirvientes de las bodas de Caná a quienes dijo la Santísima Virgen: "Hagan todo lo que Él les mande! Jacob, por haber obedecido a su madre, recibió como por milagro la bendición, aunque naturalmente no podía recibirla. Los servidores de las bodas de Caná, por haber seguido el consejo de la Santísima Virgen, fueron honrados con el primer milagro de Jesucristo, que convirtió el agua en vino a petición de su bendita Madre. Asimismo, todos los que hasta el fin de los siglos reciban la bendición del Padre Celestial y sean honrados con las maravillas de Dios, sólo recibirán estas gracias como consecuencia de su perfecta obediencia a María. Los Esaús, al contrario, pierden su bendición por falta de sumisión a la Santísima Virgen;

199. 4) los predestinados tienen gran confianza en la bondad y poder de María, su bondadosa Madre. Reclaman sin cesar su socorro. La miran como su estrella polar, para llegar a buen puerto. Le manifiestan sus penas y necesidades con toda la sinceridad del corazón. Se acogen a los pechos de su misericordia y dulzura, para obtener por su intercesión el perdón de sus pecados o saborear en medio de las penas y desalientos sus dulzuras maternales. Se arrojan, esconden y pierden de manera maravillosa en su seno amoroso y virginal, para ser allí inflamados en amor puro, ser allí purificados de las menores manchas y encontrar allí plenamente a Jesucristo que reside en María como en su trono más glorioso.¡Oh! ¡Qué felicidad! "No creas dice el abad Guerrico que sea mayor felicidad habitar en el seno de Abraham que en el de María, dado que el Señor puso en éste su trono".

Los réprobos, por el contrario, ponen toda su confianza en sí mismos. Al igual que el hijo pródigo se alimentan solamente de lo que comen los cerdos, se nutren solamente de tierra, a semejanza de los sapos, y a la par de los mundanos sólo aman las cosas visibles y exteriores. No pueden gustar las dulzuras maternales del seno de María ni experimentar apoyo y confianza seguros en la Santísima Virgen, su bondadosa Madre. Quieren hambrear miserablemente por las cosas de fuera dice San Gregorio porque no quieren saborear la dulzura preparada dentro de sí mismo y en el interior de Jesús y María;

200. 5) finalmente, los predestinados siguen el ejemplo de la Santísima Virgen, su tierna Madre. Es decir, la imitan y, por esto, son verdaderamente dichosos y devotos y llevan la señal infalible de su predestinación, como se lo anuncia su cariñosa Madre: "Dichosos los que siguen mis caminos", es decir, quienes con el auxilio de la gracia divina practican mis virtudes y caminan sobre las huellas de mi vida. Sí, dichosos durante su vida terrena, por la abundancia de gracias y dulzuras que les comunico de mi plenitud y más abundantemente que a aquellos que no me imitan tan de cerca. Dichosos en su muerte, que es dulce y tranquila y a la que ordinariamente asisto, para conducirlos a los goces de la eternidad. Dichosos, finalmente, en la eternidad, porque jamás se ha perdido ninguno de mis fieles servidores que haya imitado mis virtudes durante su vida. Los réprobos, por el contrario, son desgraciados durante su vida, en la muerte y por la eternidad, porque no imitan las virtudes de la Santísima Virgen y se contentan con ingresar en sus cofradías, rezar en su honor algunas oraciones o practicar alguna otra devoción exterior.

¡Oh Virgen Santísima"! ¡Bondadosa Madre mía! ¡Cuán felices son lo repito en el arrebato de mi corazón cuán felices son quienes sin dejarse seducir por una falsa devoción, siguen fielmente tus caminos observando tus consejos y mandatos! pero, ¡ay de aquellos que, abusando de tu devoción, no guardan los mandamientos de tu Hijo! ¡Infelices los que se apartan de tus mandatos!

ARTÍCULO SEGUNDO
Solicitud de María con sus fieles servidores.

201. Veamos ahora los amables cuidados que la Santísima Virgen, como la mejor de todas las madres, prodiga a los fieles servidores que se han consagrado a Ella de la manera que acabo de indicar y conforme al ejemplo de Jacob.

I. María los ama.

"Quiero a los que me quieren"

1. los ama, porque es su Madre verdadera y una madre ama siempre a su hijo, fruto de sus entrañas;

2. los ama, en respuesta al amor efectivo que ellos le profesan como a su cariñosa Madre;

3. los ama, porque como predestinados que son también los ama Dios: "Amé a Jacob y pospuse a Esaú"

4. los ama, porque se han consagrado totalmente a Ella y son, por tanto, su posesión y herencia: "Entra en la heredad de Israel".

202. Ella los ama con ternura, con mayor ternura que todas las madres juntas. Reúnan, si es posible, todo el amor natural que todas las madres del mundo tienen a sus hijos, en el corazón de una sola madre hacia un hijo único: ciertamente, esta madre amaría mucho a este hijo. María, sin embargo, ama en verdad más tiernamente a sus hijos de cuanto esta madre amaría al suyo. Los ama no solo con afecto, sino con eficacia. Con amor afectivo y efectivo, como el de Rebeca para con Jacob y aún mucho más.

Veamos lo que esta bondadosa Madre de quien Rebeca no fue más que una figura hace fin de obtener para sus hijos la bendición del Padre Celestial:

203. 1) Espía, como Rebeca, las oportunidades para hacerles el bien, para engrandecerlos y enriquecerlos. Dado que ve claramente en la luz de Dios todos los bienes y males; la fortuna próspera o adversa, las bendiciones y maldiciones divinas, dispone de lejos las cosas para liberar a sus servidores de toda clase de males y colmarlos de toda suerte de bienes: de modo que, si se tiene que realizar ante Dios alguna gran empresa, por la fidelidad de una creatura a un cargo importante, es seguro que María procurará que esta empresa se encomiende a alguno de sus queridos hijos y servidores y le dará la gracia para llevarla a feliz término. Ella gestiona nuestros asuntos, dice un santo.

204. 2) Les da buenos consejos, como Rebeca a Jacob: "¡Hijo mío, sigue mi consejo!" Y entre otras cosas, les inspira que le lleven dos cabritos, es decir su cuerpo y su alma y se los consagren, para aderezar con ellos un manjar agradable a Dios. Les aconseja también que cumplan cuanto Jesucristo enseñó con sus palabras y ejemplos. Y si no les da por sí misma estos consejos, se vale para ello del ministerio de los ángeles, los cuales jamás se sienten tan honrados ni experimentan mayor placer que cuando obedecen alguna de sus órdenes de bajar a la tierra a socorrer a alguno de sus servidores.

205. 3) Y, ¿qué hace esta tierna Madre cuando uno le entrega y consagra cuerpo y alma y cuanto de ellos depende sin excepción alguna? Lo que hizo Rebeca en otro tiempo con los cabritos que le llevó Jacob:

1. Los mata y hace morir a la vida del viejo Adán.

2. Los desuella y despoja de su piel natural, de sus inclinaciones torcidas, del egoísmo y voluntad propia y del apego a las creaturas.

3. Los purifica de toda suciedad y mancha de pecado.

4. Los adereza al gusto de Dios. Y como sólo Ella conoce perfectamente y en cada caso el gusto divino y la mayor gloria del Altísimo, solo Ella puede, sin equivocaciones, condimentar y aderezar nuestro cuerpo y alma a este gusto infinitamente exquisito y a esta gloria divinamente oculta.

206. 4) Luego que esta bondadosa Madre recibe la ofrenda perfecta que le hemos hecho de nosotros mismos y de nuestros propios méritos y satisfacciones por la devoción de que hemos hablado nos despoja de nuestros antiguos vestidos, nos engalana y hace dignos de comparecer ante el Padre del cielo:

1. Nos viste con los vestidos limpios, nuevos, preciosos y perfumados de Esaú, el primogénito, es decir, de Jesucristo, su Hijo, los cuales guarda Ella en casa, o sea, tiene en su poder, ya que es la tesorera y dispensadora universal y eterna de las virtudes y méritos de su Hijo Jesucristo. Virtudes y méritos que Ella concede y comunica a quien quiere, como quiere y cuanto quiere, como ya hemos dicho;

2. Cubre el cuello y las manos de sus servidores con las pieles de los cabritos muertos y desollados, es decir,

los engalana con los méritos y el valor de sus propias acciones. Mata y mortifica, en efecto, todo lo imperfecto e impuro que hay en sus personas. Pero no pierde ni disipa todo el bien que gracia ha realizado en ellos, sino que lo guarda y aumenta, para hacer con ello el ornato y fuerza de su cuello y de sus manos, es decir, para fortalecernos a fin de que puedan llevar sobre su cuello el yugo del Señor y realizar grandes cosas para la gloria de Dios y salvación de sus pobres hermanos.

3. Comunica perfume y gracia nuevos a sus vestidos y adornos, revistiéndoles con sus propias vestiduras, esto es, con sus méritos y virtudes, que al morir les legó en su testamento como dice una santa religiosa del último siglo, muerta en olor de santidad y que lo supo por revelación. De modo que todos los de su casa sus servidores y esclavos llevan doble vestidura: la de su Hijo y la de Ella. Por ello, no tienen que temer el frío de Jesucristo, blanco como la nieve. Mientras que los réprobos, enteramente desnudos y despojados de los méritos de Jesucristo y de su Madre Santísima, no podrán soportarlo.

207. 5) Ella, finalmente, les obtiene la bendición del Padre celestial, por más que no siendo ello sino hijos menores y adoptivos no debieran naturalmente tenerla. Con estos vestidos nuevos, de alto precio y agradabilísimo olor y con cuerpo y alma bien preparados, se acercan confiados al lecho del Padre celestial. Que oye y distingue su voz, que es la del pecador, toca sus manos cubiertas de pieles; percibe el perfume de sus vestidos; come con regocijo de lo que María, Madre de ellos, le ha preparado y reconociendo

en ellos los méritos y el buen olor de Jesucristo y de su Santísima Madre:

1. Les da su doble bendición: bendición del rocío del cielo, es decir, de la gracia divina que es semilla de la gloria: "Nos bendijo desde el cielo, en Cristo, con toda clase de bendiciones espirituales", y bendición de la fertilidad de la tierra, es decir, que cantidad de bienes de este mundo.

2. Los constituye señores de sus otros hermanos, los réprobos. Lo cual no quiere decir que esta primacía sea siempre evidente en este mundo que pasa en un instante y al que frecuentemente dominan los réprobos. "Los impíos se gloriarán y hablarán insolencias... Vi al malvado... andar creído, como cedro del Líbano"... pero que es real y aparecerá manifiestamente en el otro mundo, por toda la eternidad, cuando los justo como dice el Espíritu Santo gobernarán las naciones y dominarán los pueblos".

3. El Señor no contento con bendecirlos en sus personas y bienes, bendice también a cuantos los bendigan y maldice a cuantos los maldigan y persigan.

II. María los alimenta en cuerpo y alma

208. El segundo deber de caridad que la Santísima Virgen ejerce con sus fieles servidores es el de proporcionarles todo lo necesario para el cuerpo y el alma. Les da vestidos dobles, como acabamos de ver. Les da a comer los platos más exquisitos de la mesa de Dios. Les alimenta con el Pan de Vida que Ella misma ha formado: "Queridos hijos míos les dice por boca de la Sabiduría sáciense de mis frutos, es decir, de Jesús,

fruto de vida, que para ustedes he traído al mundo. Vengan les dice en otra parte a comer mi Pan, que es Jesús, a beber el vino de su amor, que "he mezclado para ustedes con mi maternal dulzura. ¡Coman, beban, embriáguense, hijos muy amados!"

Siendo Ella la tesorera y dispensadora de los dones y gracias del Altísimo, da gran porción y la mejor de todas, para alimentar y sustentar a sus hijos y servidores. Nutridos estos con el Pan de Vida, embriagados con el Vino que engendra vírgenes y amamantados por esta Madre purísima, encuentra tan suave el yugo de Jesucristo, que apenas sienten su peso, a causa del aceite de la devoción que les hará madurar.

III. María los conduce.

209. El tercer bien que la Santísima Virgen hace a sus fieles servidores es el conducirlos y guiarlos según la voluntad de su Hijo. Rebeca guiaba a su Hijo Jacob y, de cuando en cuando, le daba buenos consejos, ya para atraer sobre él la bendición de su padre, ya para ayudarle a evitar el odio y la persecución de su hermano Esaú. María, estrella del mar, conduce a todos sus fieles servidores al puerto de salvación. Les hace evitar los pasos peligrosos. Los lleva de la mano por los senderos de la justicia. Los sostiene cuando están a punto de caer. Los levanta cuando han caído. Los reprende, como Madre cariñosa, cuando yerran, y aún a veces los castiga amorosamente. ¿Podrá extraviarse en el camino de la eternidad, un hijo obediente a María, quien por sí misma le alimenta y es su guía esclarecida? "Siguiéndola dice San Bernardo no te extravías" ¡No

temas, pues! ¡Ningún verdadero hijo de María se engañado por el espíritu maligno! ¡Ni caerá en herejía formal! Donde María es la conductora no entran ni el espíritu maligno con sus ilusiones ni los herejes con sus sofismas: "¡Si Ella te sostiene, no caerás!"

IV. María los defiende.

210. El cuarto servicio que la Santísima Virgen ofrece a sus hijos y fieles servidores es defenderlos y protegerlos contra sus enemigos. Rebeca, con sus cuidados y vigilancia, libró a Jacob de todos los peligros en que se encontró y especialmente de la muerte que su hermano Esaú le hubiera dado a causa del odio y envidia que le tenía como en otro tiempo Caín a su hermano Abel. Así obra también María, Madre cariñosa de los predestinados: los esconde bajo las alas de su protección, como una gallina a sus polluelos, dialoga con ellos, desciende hasta ellos, condesciende con todas sus debilidades, para defenderlos del gavilán y del buitre, los rodea y acompaña como un ejército en orden batalla. ¿Temerá acaso a sus enemigos quien está defendido por un ejército de cien mil hombres bien armados? Pues bien, ¡un fiel servidor de María, rodeado por su protección y poder imperial, tiene aún menos por qué temer! Esta bondadosa Madre y poderosa Princesa celestial enviará legiones de millones de ángeles para socorrer a uno de sus hijos, antes que pueda decirse que un fiel servidor de María que puso en Ella su confianza haya sucumbido a la malicia, número y fuerza de sus enemigos.

V. María intercede por ellos.

211. Por último, el quinto y mayor servicio que la amable María ejerce a favor de sus fieles devotos es el interceder por ellos ante su Hijo y aplacarle con sus ruegos. Ella los une y conserva unidos a Él con vínculo estrechísimo.Rebeca hizo que Jacob se acercara al lecho de su padre. El buen anciano lo tocó, lo abrazó y hasta lo besó con alegría, contento y satisfecho como estaba de los majares bien preparados que le había llevado. Gozoso de percibir los exquisitos perfumes de sus vestidos, exclamó: "¡Oh! ¡El olor de mi hijo es como el olor de un campo que el Señor ha bendecido!".

Este campo fértil, cuyo olor encantó el corazón del Padre, es el olor de las virtudes y méritos de María. Ella es, en efecto, campo lleno de gracias, donde Dios Padre sembró, como grano de trigo para sus escogidos, a su único Hijo.

¡Oh! ¡Cuán bien recibido es por Jesucristo, Padre sempiterno, el hijo perfumado con el olor gratísimo de María! Y ¡qué pronto y perfectamente queda unido a Él! como ya hemos demostrado.

212. María, además, después de haber colmado de favores a sus hijos y fieles servidores y de haberles alcanzado la bendición del Padre celestial y la unión con Jesucristo, los conserva en Jesucristo y a Jesucristo en ellos. Los protege y vigila siempre, no sea que pierdan la gracia de Dios y caigan de nuevo en los lazos del enemigo. "Ella conserva a los santos en su

plenitud" y les ayuda a perseverar en ella, según hemos visto.

Esta es la explicación de la insigne y antigua figura de la predestinación y la reprobación, tan desconocida y tan llena de misterios.

Mater Dolorosa, ora pro nobis

CAPITULO SÉPTIMO

Efectos maravillosos de esta
consagración total en el alma fiel

Persuádete, hermano carísimo, de que si eres fiel a las prácticas interiores y exteriores de esta devoción, las cuales voy a indicar más adelante, participarás de los frutos maravillosos que produce en el alma fiel.

ARTÍCULO PRIMERO
Conocimiento y valorización de sí mismo.

213. Gracias a la luz que te comunicará el Espíritu Santo por medio de María, su querida Esposa, conocerás tu mal fondo, tu corrupción e incapacidad para todo lo bueno. Y, a consecuencia de este conocimiento, te despreciarás y no pensarás en ti mismo sino con horror. Te considerarás como una babosa que todo lo mancha, como un sapo que todo lo emponzoña con su veneno o como una serpiente maligna que sólo pretende engañar. En fin, la humilde María te hará partícipe de su profunda humildad y, mediante ella, te despreciarás a ti mismo, no despreciarás a nadie y gustarás de ser menospreciado.

ARTÍCULO SEGUNDO
Participación en la fe de María.

214. La Santísima Virgen te hará partícipe de su fe. La cual fue mayor que la de todos los patriarcas, profetas,

apóstoles y todos los demás santos. Ahora que reina en los cielos, no tiene ya esa fe, porque ve claramente todas las cosas en Dios por la luz de la gloria. Sin embargo, con el consentimiento del Señor no la ha perdido al entrar en la gloria, la conserva para comunicarla a sus fieles en la iglesia peregrina.

Por lo mismo, cuanto más te granjees la benevolencia de esta augusta Princesa y Virgen fiel, tanto más reciamente se cimentará toda tu vida en la fe verdadera:

* una fe pura, que hará que no te preocupes por lo sensible y extraordinario;

* una fe viva y animada por la caridad, que te hará obrar siempre por el amor más puro;

* una fe viva e inconmovible como una roca, que te ayudará a permanecer siempre firme y constante en medio de las tempestades y tormentas;

* una fe penetrante y eficaz, que como misteriosa llave maestra te permitirá entrar en todos los misterios de Jesucristo, las postrimerías del hombre y el corazón mismo de Dios;

* una fe intrépida, que te llevará a emprender y llevar a cabo sin titubear grandes empresas por Dios y por la salvación de las almas;

* finalmente, una fe que será tu antorcha encendida, tu vida divina, tu tesoro escondido de la divina sabiduría y tu arma omnipotente, de la cual te servirás para iluminar a los que viven en tinieblas y sombras de muerte, para inflamar a los tibios y necesitados del oro encendido de la caridad, para resucitar a los muertos por el pecado, para conmover y convertir con tus palabras suaves y poderosas los corazones de mármol

y los cedros del Líbano, y finalmente, para resistir al demonio y a todos los enemigos de la salvación.

ARTÍCULO SEGUNDO
La gracia del puro amor (Madurez cristiana)

215. Esta Madre del Amor Hermoso quitará de tu corazón todo escrúpulo y temor servil desordenado y lo abrirá y ensanchará para correr por los mandamientos de su Hijo con la santa libertad de los hijos de Dios y encender en el alma el amor puro, cuya tesorera es Ella. De modo que, en tu comportamiento con Dios, ya no te gobernarás como hasta ahora por temor, sino por amor puro. Lo mirarás como a tu Padre bondadoso, te afanarás por agradarle incesantemente y dialogarás con El confidencialmente como un hijo con su cariñoso padre. Si, por desgracia, llegaras a ofenderlo, te humillarás al punto delante de Él, le pedirás perdón humildemente, tenderás hacia El la mano con sencillez, te levantarás de nuevo amorosamente, sin turbación ni inquietud, y seguirás caminando hacia El sin descorazonarte.

ARTÍCULO CUARTO
Gran confianza en Dios y en María.

216. Persuádete, hermano carísimo, de que si eres fiel a las prácticas interiores y exteriores de esta devoción, las cuales voy a indicar más adelante, participarás de los frutos maravillosos que produce en el alma fiel... La Santísima Virgen te colmará de gran confianza en Dios y en Ella misma. PORQUE:

1º Ya no te acercarás por ti mismo a Jesucristo, sino siempre por medio de María, tu bondadosa Madre;

2º habiéndole entregado todos tus méritos, gracias y satisfacciones para que disponga de ellos según su voluntad, Ella te comunicará sus virtudes y te revestirá con sus méritos de suerte que podrás decir a Dios con plena confianza: "¡Esta es María, tu servidora! Hágase en mi según lo que has dicho!"

3º habiéndote entregado totalmente a Ella en cuerpo y alma Ella que es generosa con los generosos y más generosa que los más generosos, se entregará a ti en recompensa de forma maravillosa pero real, de suerte que podrás decirle con santa osadía: "Soy todo tuyo, oh María: sálvame" O, con el discípulo amado como he dicho antes "Te he tomado, Madre Santísima, por todos mis bienes" O con San Buenaventura: "Querida Señora y salvadora mía, obraré confiadamente y sin temor, porque eres mi fortaleza y alabanza en el Señor, ¡Soy todo tuyo y cuanto tengo es tuyo, Virgen gloriosa y bendita entre todas las creaturas! ¡Qué yo te ponga como sello sobre mi corazón porque tu amor es fuerte como la muerte!

Podrás decir a Dios con los sentimientos del Profeta: Señor, mi corazón no es ambicioso, ni mis ojos altaneros; no pretendo grandezas que superan mi capacidad; sino que acallo y modero mis deseos, como un niño en brazos de su madre".

4º el hecho de haberle entregado en depósito todo lo bueno que tienes, para que lo conserve o comunique, aumentará aún más tu confianza en Ella. Sí, entonces confiarás menos en ti mismo y mucha más en Ella, que es tu tesoro de Dios, en el que ha puesto lo más precioso que tiene, es también tu tesoro "Ella es dice un santo el tesoro del Señor"

ARTÍCULO QUINTO
Comunicación de María y de su espíritu.

217. El alma de María estará en ti para glorificar al Señor y su espíritu su alborozará por ti en Dios, su Salvador, con tal que permanezcan fiel a las prácticas de esta devoción. "Que el alma de María more en cada uno para engrandecer al Señor, que el espíritu de María permanezca en cada uno para regocijarse en Dios". ¡Ay! ¿Cuándo llegará ese tiempo dichoso dice un santo varón de nuestros días, ferviente enamorado de María, cuando llegará ese tiempo dichoso en que Santa María sea restablecida como señora y Soberana en los corazones, para someterlos plenamente al imperio de su excelso y único Jesús?

¿Cuándo respirarán las almas a María como los cuerpos respiran el aire? Cosas maravillosas sucederán entonces en la tierra, donde el Espíritu Santo al encontrar a su Esposa como reproducida en las almas vendrá a ellas con abundancia de sus dones y las llenará de ellos, especialmente del de sabiduría, para realizar maravillas de gracia. ¿Cuándo llegará, hermano mío, ese tiempo dichoso, ese siglo de María, en el que muchas almas escogidas y obtenidas del Altísimo por María, perdiéndose ellas mismas en el abismo de su interior, se transformarán en copias vivientes de la Santísima Virgen, para amar y glorificar a Jesucristo? Ese tiempo solo llegará cuando se conozca y viva la devoción que yo enseño: "¡Señor, para que venga tu reino, venga el reino de María!".

ARTÍCULO SEXTO
Transformación de las almas en María a imagen de Jesucristo.

218. Sí María, que es el árbol de la vida, está bien cultivada en ti mismo por la fidelidad a las prácticas de esta devoción, dará su fruto en tiempo oportuno, fruto que no es otro que Jesucristo. Veo a tantos devotos y devotas que buscan a Jesucristo. Unos van por un camino y una práctica, los otros por otra. Y, con frecuencia, después de haber trabajado pesadamente durante la noche, pueden decir: "Hemos trabajado toda la noche sin pescar nada" Y se les puede contestar: "Han trabajado mucho pero recogido poco" Jesucristo es todavía muy débil en ustedes. Pero por el camino inmaculado de María y esta práctica divino que les enseño, se trabaja de día, se trabaja en un lugar santo, se trabaja poco. En María no hay noche, porque en Ella no hay pecado ni aún la menor sombra de él. María es un lugar santo. Es el santo de los santos, en donde son formados y moldeados los santos".

219. Escucha bien lo que digo: los santos son moldeados en María. Existe gran diferencia entre hacer una figura de bulto a golpes de martillo y cincel y sacar una estatua vaciándola en un molde. Los escultores y estatuarios trabajan mucho del primer modo para hacer una estatua y gastan en ello mucho tiempo. Más, para hacerla de la segunda manera, trabajan poco y emplean

poco tiempo. San Agustín llama a la Santísima Virgen molde de Dios: el molde propio para formar y moldear dioses. Quien sea arrojado en este molde divino quedará muy pronto formado y moldeado en Jesucristo y Jesucristo en él: con pocos gastos y en corto tiempo se convertirá en Dios, porque ha sido arrojado en el mismo molde que ha formado a Dios.

220. Me parece que los directores y devotos que quieren formar a Jesucristo en sí mismos o en los demás, por prácticas diferentes a ésta, pueden muy bien compararse a los escultores que, confiados en su habilidad, industria y arte, descargan infinidad de golpes de martillo y cincel sobre una piedra dura o un trozo de madera tosca para sacar de ellos una imagen de Jesucristo. Algunas veces, no aciertan a representar a Jesucristo al natural, ya por falta de conocimiento y experiencia de la persona del Señor, ya a causa de algún golpe mal dado que echa a perder toda la obra. Pero a quienes abrazan este secreto de la gracia que les estoy presentando, los puedo comparar con razón a los fundidores y moldeadores que habiendo encontrado el hermoso molde de María en donde Jesús ha sido natural y divinamente formado sin fiarse de su propia habilidad sino únicamente de la excelencia del molde, se arrojan y pierden en María, para convertirse en el retrato al natural de Jesucristo.

221. ¡Hermosa y verdadera comparación! Más, ¿quién la comprenderá? ¡Ojalá tú, hermano mío! Pero, acuérdate de que no se echa en el molde sino lo que

está fundido y líquido; es decir, que ¡es necesario destruir y fundir en ti al viejo Adán para transformarte en el Nuevo, en María!

ARTÍCULO SÉPTIMO
La mayor gloria de Jesucristo.

222. Por medio de esta práctica, observada con toda fidelidad, darás mayor gloria a Jesucristo en un mes, que por cualquier otra por difícil que sea en varios años. Estas son las razones para afirmarlo:

1° si ejecutas tus acciones por medio de la Santísima Virgen como enseña esta práctica abandonas tus propias intenciones y actuaciones, aunque buenas y conocidas, para perderte por decirlo así en las de la Santísima Virgen, aunque te sean desconocidas. De este modo entras a participar en la sublimidad de sus intenciones, siempre tan puras que por la menor de sus acciones por ejemplo, hilando en la rueca o dando una puntada con la aguja dio mayor gloria a Dios que San Lorenzo sobre las parrillas y aun, que todos los santos con las acciones más heroicas. Esta es la razón de que durante su permanencia en la tierra la Santísima Virgen haya adquirido con cúmulo tan inefable de gracias y méritos, que antes se contarían las estrellas del firmamento, las gotas de agua de los océanos y los granitos de arena de sus orillas que los méritos y gracias de María y que haya dado mayor gloria a Dios de cuanta le han dado y darán todos los ángeles y santos. ¡Qué prodigio eres, oh María! ¡Sólo tú sabes realizar prodigios de gracias en quienes desean realmente perderse en ti!

223. 2º quien se consagra a María, por esta práctica como quiera que no estima en nada cuanto piensa o hace por sí mismo ni se apoya ni complace sino en los méritos de María para acercarse a Jesucristo y dialogar con El ejercita la humildad mucho más que quienes obran por sí solos. Estos, aun inconscientemente, se apoyan y complacen en sus disposiciones. De donde se sigue que el que se consagra totalmente a María, glorifica más perfectamente a Dios, quien nunca es tan altamente glorificado como cuando lo es por los sencillos y humildes de corazón.

224. 3º la Santísima Virgen a causa del gran amor que nos tiene desea recibir en sus manos virginales el obsequio de nuestras acciones, comunica a éstas una hermosura y esplendor admirables y las ofrece por sí misma a Jesucristo. Es, por lo demás, evidente, que el Señor es más glorificado con esto que si las ofreciéramos directamente con nuestras manos pecadoras.

225. 4º finalmente, siempre que piensan en María, Ella piensa por ti en Dios. Siempre que alabas y honras a María, Ella alaba y honra a Dios por ti. María es toda relativa a Dios. Y yo me atrevo a llamarla "la relación de Dios", pues sólo existe con relación a Él, o "el eco de Dios", ya que no dice ni repite sino Dios. Si tú dices María, Ella dice Dios.

Cuando santa Isabel alabó a María y la llamó bienaventurada por haber creído, Ella el eco fiel de Dios exclamó: "Proclama mi alma la grandeza del Señor". Lo que en esta ocasión hizo María, lo sigue realizando todos los días: cuando la alabamos, amamos, honramos o nos consagramos a Ella, alabamos, amamos, honramos y nos consagramos a Dios por María y en María.

Madre, tu Corazón es mi mejor escuela

CAPÍTULO OCTAVO

Prácticas particulares de esta devoción

ARTÍCULO PRIMERO
Prácticas exteriores.

226. Aunque lo esencial de esta devoción consiste en lo interior, no por eso carece de prácticas exteriores que no es conveniente descuidar: "Estas son cosas que deberán observar, sin descuidar las otras". Ya porque las prácticas exteriores debidamente ejercitadas ayudan a los interiores, ya porque recuerdan al hombre acostumbrado a guiarse por los sentidos lo que ha hecho y debe hacer; ya porque son a propósito para edificar al prójimo que las ve, cosa que no hacen las prácticas interiores. Por tanto, que ningún mundano ni crítico autosuficiente nos venga a decir que la verdadera devoción está en el corazón, que hay que evitar las exterioridades, ya que ahí puede ocultarse la vanidad, que hay que esconder la propia devoción, etc. Yo les respondo con mi Maestro: "Que vean sus buenas obras y glorifiquen al Padre que está en los cielos" Lo cual no significa como advierte San Gregorio que debamos realizar nuestras buenas acciones y devociones exteriores para agradar a los hombres y ganarse sus alabanzas esto sería vanidad sino que, a veces, las realicemos delante de los hombres con el fin de agradar a Dios y glorificarlo, sin preocuparnos por los desprecios o las alabanzas de las creaturas.

Voy a proponer, en resumen, algunas prácticas exteriores, llamadas así no porque se hagan sin devoción interior, sino porque tienen algo exterior que las distingue de las actitudes puramente interiores.

I. Consagración después de los ejercicios preparatorios.

227. Primera Práctica. Quienes deseen abrazar esta devoción particular no erigida aún en cofradía, aunque sería mucho de desear que lo fuera emplearán como he dicho en la primera parte de esta "preparación al reinado de Jesucristo" doce días, por lo menos en vaciarse del espíritu del mundo, contrario al de Jesucristo, y tres semanas en llenarse de Jesucristo por medio de la Santísima Virgen. Para ello, podrán seguir este orden:

228. Durante la primera semana, dedicarán todas sus oraciones y actos de piedad a pedir el conocimiento de sí mismo y la contracción de sus pecados, haciéndolo todo con espíritu de humildad. Podrán meditar, si quieren, lo dicho antes sobre nuestras malas inclinaciones (y no considerarse durante los seis días de esta semana más que como caracoles, babosas, sapos, cerdos, serpientes, animales inmundos) o meditar estos tres pensamientos de San Bernardo: "Piensa en lo que fuiste: un poco de barro; en lo que eres: un poco de estiércol: en lo que serás: pasto de gusanos" Rogarán al Señor y al Espíritu Santo que los ilumine, diciendo: "Señor, que yo vea" o "Qué yo te conozca" o también "Ven, Espíritu Santo". Y dirán

todos los días las letanías del espíritu Santo y la oración señalada en la primera parte de esta obra. Recurrirán a la Santísima Virgen pidiéndole esta gracia, que debe ser el fundamento de las otras, y para ello dirán todos los días el himno Salve, Estrella del mar y las letanías de la Santísima Virgen.

229. Durante la segunda semana se dedicarán en todas sus oraciones y obras del día a conocer a la Santísima Virgen, pidiendo este conocimiento al Espíritu Santo. Podrán leer y meditar lo que al respecto hemos dicho. Y rezarán con esta intención como en la primera semana, las letanías del Espíritu Santo y el himno Salve, Estrella del mar y, además, el Rosario, o la tercera parte de él.

230. Dedicarán la tercera semana a conocer a Jesucristo. Para ello podrán leer y meditar lo que arriba hemos dicho y rezar la oración de San Agustín que se lee hacia el comienzo de la Segunda Parte. Podrán repetir una y mil veces cada día, con el mismo santo: "Que yo te conozca, Señor" o bien "Señor, sepa yo quien eres tú". Rezarán como en las semanas anteriores, las letanías del Espíritu Santo y el himno Salve, Estrella del mar y añadirán todos los días las letanías del santo Nombre de Jesús.

231. Al concluir las tres semanas, se confesarán y comulgarán con la intención de entregarse a Jesucristo, en calidad de esclavos de amor, por las manos de María. Y después de la Comunión que procurarán hacer según el método que expondré más tarde

recitarán la fórmula de consagración, que también hallarán más adelante. Es conveniente que la escriban o hagan escribir, si no está impresa, y la firmen ese mismo día.

232. Es conveniente también que paguen en ese día algún tributo a Jesucristo y a su Santísima Madre ya como penitencia por su infidelidad al compromiso bautismal, ya para patentizar su total dependencia de Jesús y de María. Este tributo, naturalmente, dependerá de la devoción y capacidad de cada uno, como ejemplo un ayuno, una mortificación, una limosna o un cirio. Pues, aun cuando solo dieran, en homenaje, un alfiler, con tal que lo den de todo corazón, sería bastante para Jesús, que solo atiende a la buena voluntad.

233. Al menos en cada aniversario, renovarán dicha consagración, observando las mismas prácticas durante tres semanas. Todos los meses y aun todos los días pueden renovar su entrega con estas pocas palabras: "Soy todo tuyo y cuanto tengo es tuyo, oh mi amable Jesús, por María tu Madre Santísima".

II. La Coronilla de las Doce Estrellas

234. Segunda Práctica. Rezarán todos los días de su vida, aunque sin considerarlo como obligación la Coronilla de la Santísima Virgen, compuesta de tres Padrenuestros y doce Avemarías para honrar los doce privilegios y grandezas de la Santísima Virgen. Esta práctica es muy antigua y tiene su fundamento en la Sagrada Escritura. San Juan vio a una mujer coronada

de doce estrellas, vestida de sol y con la luna bajo sus pies. Esta mujer según los intérpretes es María.

235. Sería prolijo enumerar las muchas maneras que hay de rezarla bien. El Espíritu Santo se las enseñará a quienes sean más fieles a esta devoción. Para recitarla con mayor sencillez será conveniente empezar así: "Dígnate aceptar mis alabanzas, Virgen Santísima Dame fuerzas contra tus enemigos". En seguida rezarás el Credo, un Padrenuestro, cuatro Avemarías y un Gloria, todo ello tres veces. Al fin dirás: "Oh Santa Madre de Dios, a tu patrocinio nos acogemos; en nuestras necesidades no desoigas nuestras súplicas, antes bien de todo peligro líbranos siempre, Virgen gloriosa y bendita".

III. Llevar cadenillas de hierro.

236. Tercera Práctica. Es muy laudable, glorioso y útil para quienes se consagran como esclavos de Jesús en María, llevar como señal de su esclavitud de amor, alguna cadenilla de hierro bendecida oportunamente. Estas señales exteriores no son, en verdad, esenciales y bien pueden suprimirse, aun después de haber abrazado esta devoción. Sin embargo, no puedo menos de alabar en gran manera a quienes, una vez sacudidas las cadenas vergonzosas de la esclavitud del demonio con que el pecado original y tal vez los pecadores actuales los tenían atados se han sometido voluntariamente a la esclavitud de Jesucristo y se gloriaban con San Pablo de estar encadenados por Jesucristo, con cadenas mil veces más gloriosas y preciosas aunque sean de hierro

y sin brillo que todos los collares de hierro de los emperadores.

237. En otro tiempo no había nada más infame que la cruz. Ahora este madero es lo más glorioso del cristianismo. Lo mismo decimos de los hierros de la esclavitud. Nada había entre los antiguos más ignominioso ni lo hay ahora entre los paganos. Pero entre los cristianos no hay nada más ilustre que estas cadenas de Jesucristo, porque ellas nos liberan y preservan de las prisiones infames del pecado y del demonio, nos ponen en libertad y nos ligan a Jesús y a María no por violencia y a la fuerza como a presidiarios, sino por caridad y amor, como a hijos "Los atraeré a mi dice el Señor por la boca de su profeta con cadenas de amor". Estas cadenas son, por consiguiente, fuertes como la muerte y, en cierto modo, más fuertes aún para aquellos para quienes sean fieles en llevar hasta la muerte estas señales gloriosas. Efectivamente, aunque la muerte destruya el cuerpo reduciéndolo a podredumbre, no destruirá las ligaduras de esta esclavitud, que siendo de hierro no se corrompen fácilmente y en la resurrección de los cuerpos en el gran juicio del último día, estas cadenas que todavía rodearán sus huesos, constituirán parte de su gloria y se transformarán en cadenas de luz y de triunfo. ¡Dichosos, pues, mil veces los esclavos ilustres de Jesús en María, que llevan sus cadenas hasta el sepulcro!

238. Estas son las razones para llevar estas cadenillas:

1º para recordar al cristiano los votos y promesas del Bautismo, la renovación perfecta que hizo de ellos por esta devoción y la estrecha obligación que ha contraído de permanecer fiel a ellos. Dado que el hombre, acostumbrado a gobernarse más por los sentidos que la fe pura, olvida fácilmente sus obligaciones para con Dios, si no tiene algún objeto exterior que se las recuerde, estas cadenillas sirven admirablemente al cristiano para traerle a la memoria las cadenas del pecado y de la esclavitud del demonio de las cuales los libró el Bautismo y de la servidumbre que en el santo Bautismo prometió a Jesucristo y ratificó por la renovación de sus votos. Y una de las razones que explican por qué tan pocos cristianos piensan en los votos del Bautismo y viven un libertinaje propio de paganos como si a nada se hubieran comprometido con Dios es que no levan ninguna señal exterior que les recuerde esto;

239. 2º para mostrar que no nos avergonzamos de la esclavitud funesta del mundo, del pecado y del demonio; 3º para liberarnos y preservamos de las cadenas del pecado y del infierno. Porque es preciso que llevemos las cadenas de la iniquidad o las del amor y la salvación.

240. ¡Hermano carísimo! Rompamos las cadenas de los pecados y de los pecadores, del mundo y de los mundanos, del demonio y de sus secuaces. Arrojemos lejos de nosotros su yugo funesto. "introduzcamos nuestros pies por usar el lenguaje del Espíritu Santo en los grillos gloriosos de Jesucristo; tendamos nuestro

cuello a sus cadenas". Inclinemos nuestros hombros y tomemos a cuestas la Sabiduría, que es Jesucristo: "Encorva tu espalda y cárgala, no te rebeles contra cadenas". Toma nota de que el Espíritu Santo, antes de pronunciar estas palabras, prepara al alma a fin de que no rechace tan importante consejo, diciendo: "Acepta mi sentencia y no rechaces mi consejo".

241. No lleves a mal, amigo mío, que me una al Espíritu Santo para darte el mismo consejo: "Sus cadenas son cintas preciosas" Como Jesucristo en la cruz debe atraerlo todo hacia sí de grado o por fuerza, atraerá a los réprobos con las cadena de sus pecados para encadenarlos, a manera de presidiarios y demonios, a su ira eterna y a su justicia vengadora; mientras atraerá particularmente en estos últimos tiempos a los predestinados, con las cadenas del amor: "Todo lo atraeré a mí". "Los atraeré con cadenas de amor".

242. Estos esclavos de amor de Jesucristo o encadenados de Jesucristo pueden llevar sus cadenas al cuello, en los brazos, en la cintura o en los pies. El P. Vicente Caraffa, séptimo Superior General de la Compañía de Jesús, que murió en olor de santidad en el año 1643 llevaba, en señal de esclavitud, un aro de hierro en cada pie y decía que su dolor era no poder arrastrar públicamente la cadena. La Madre Inés de Jesús, de quien hablamos antes, llevaba una cadena a la cintura. Otros la han llevado al cuello, como penitencia por los collares de perlas que llevaron en el

mundo... y otros, en los brazos, para acordarse durante el trabajo manual de que son esclavos de Jesucristo.

IV. Celebración especial del misterio de la Encarnación.

243. Cuarta Práctica. Profesarán singular devoción al gran misterio de la Encarnación del Verbo, el 25 de marzo. Este es, en efecto, el misterio propio de esta devoción, puesto que ha sido inspirada por el Espíritu Santo:

1° para honrar e imitar la dependencia inefable que Dios Hijo quiso tener respecto a María para gloria del Padre y para nuestra salvación. Dependencia que se manifiesta de modo especial en este misterio en el que Jesucristo se hace prisionero y esclavo en el seno de la excelsa María, en donde depende de Ella en todo y para todo;

2° para agradecer a Dios las gracias incomparables que otorgó a María y especialmente el haberla escogido por su dignísima Madre: elección realizada precisamente en este misterio. Estos dos son los fines principales de la esclavitud de Jesús en María.

244. Observa que digo ordinariamente: el esclavo de Jesús en María. En verdad se puede decir, como muchos lo han hecho hasta ahora: el esclavo de María, la esclavitud de la Santísima Virgen. Pero creo que es preferible decir: el esclavo de Jesús en María, como lo aconsejaba M. Tronson, Superior General del Seminario de San Sulpicio, renombrado por su rara

prudencia y su consumada piedad, aun clérigo que le consultó sobre este particular. Las razones son éstas:

245. 1° Vivimos en un siglo orgullosos, en el que gran número de sabios engreídos, presumidos y críticos hallan siempre algo que censurar hasta en las prácticas de piedad mejor fundadas y más sólidas. Por tanto, a fin de no darles ocasión de crítica, vale más decir: la esclavitud de Jesucristo en María y llamarse esclavo de Jesucristo que esclavo de María, tomando el nombre de esta devoción preferiblemente de su fin último, que es Jesucristo, y no del camino y medio para llegar a la meta, que es María. Sin embargo, se puede, en verdad, emplear una y otra expresión, como yo lo hago. Por ejemplo, un hombre que viaja de Orléans a Torus pasando por Amnoise, puede muy bien decir que va a Amboise y que viaja a Tours, con la diferencia, sin embargo, de que Amboise no es más que el camino para llegar a Tours, y que Tours es la meta y término de su viaje.

246. 2° El principal misterio que se honra y celebra en esta devoción es el misterio de la Encarnación. En él Jesucristo se halla presente y encarnado en su seno. Por ello, es mejor decir la esclavitud de Jesús en María, de Jesús que reside y reina en María, según aquella hermosa plegaria de tantas y tan grandes almas: "Oh Jesús, que vives en María, ven a vivir en nosotros con tu espíritu de santidad, con la plenitud de tu poder, con la perfección de tus caminos, con la comunión de tus misterios. Domina en nosotros sobre todo poder

enemigo, con tu Espíritu Santo, para la gloria del Padre Amén".

247. 3° Esta manera de hablar manifiesta mejor la unión íntima que hay entre Jesús y María. Ellos se hallan íntimamente unidos, que el uno está totalmente en el otro: Jesús está todo en María y María toda en Jesús, o mejor, no vive Ella sino Jesús en Ella. Antes separaríamos la luz del sol que a María de Jesús. De suerte que al Señor se le puede llamar Jesús de María y al Santísima Virgen, María de Jesús.

248. El tiempo no me permite detenerme aquí para explicar las excelencias y grandezas del misterio de Jesús que vive y reina en María, es decir, de la Encarnación del Verbo. Me contentaré con decir en dos palabras: que éste es el primer misterio de Jesucristo, el más oculto, el más elevado y menos conocido; que en este misterio, Jesús en el seno de María al que por ello denominan los santos la sala de los secretos de Dios escogió de acuerdo con Ella a todos los elegidos; que en este misterio realizó ya todos los demás misterios de su vida, por la aceptación que hizo de ellos: "Por eso, al entrar Cristo al mundo dice: "Mira, aquí vengo; aquí estoy para cumplir tu voluntad"; que este misterio es, por consiguiente, el compendio de todos los misterios de Cristo y encierre la voluntad y gracia de todos ellos; y, por último: Que este misterio es el trono de la misericordia, generosidad y gloria de   Dios;

Es el trono de la misericordia divina para con nosotros, porque no podemos acercarnos a Jesús sino por María, no podemos ver ni hablar a Jesús sino por María, porque mientras Jesús, nuevo Adán, permanece en María su verdadero paraíso terrestre realizó en él ocultamente tantas maravillas, que ni los ángeles ni los hombres alcanzan a comprenderlas; por ello, los santos llaman a María la magnificencia de Dios como si Dios sólo fuera magnifico en María. Es el trono de gloria que Jesús tributa al Padre, porque: En María aplacó El perfectamente a su Padre irritado contra los hombres; En Ella reparó perfectamente la gloria que el pecado le había arrebatado; En Ella, por el holocausto que ofreció de su voluntad y de sí mismo, dio al Padre más gloria que la que le habían dado todos los sacrificios de la Ley antigua; Y, finalmente, en Ella le dio una gloria infinita, que jamás había recibido del hombre.

V. Recitación del Avemaría y del Rosario.

249. Quinta práctica. Recitarán con gran devoción el Avemaría o salutación angélica, cuyo valor, mérito, excelencia y necesidad apenas conocen los cristianos, aun los más instruidos. Ha sido necesario que la Santísima Virgen se haya aparecido muchas veces a grandes y muy esclarecidos santos como Santo Domingo, San Juan de Capistrano o el beato Alano de la Roche para manifestarles por sí misma el valor del Avemaría. Ellos escribieron libros enteros sobre las maravillas y eficacia de esta oración para convertir las almas. Proclamaron a voces y predicaron públicamente que habiendo comenzado la salvación del mundo por el Avemaría, a esta oración está vinculada también la salvación de cada uno en particular.

Que esta oración hizo que la tierra seca y estéril produjese el fruto de vida y que, por tanto, esta oración bien rezada hará germinar en nuestras almas la palabra de Dios y producir el fruto de vida, Jesucristo, que el Avemaría es un rocío celestial que riega la tierra, es decir, el alma, para hacerle producir fruto en tiempo oportuno y que un alma que no es regada por esta oración o rocío celestial no produce fruto sino malezas y espinas y está cerca de recibir la maldición.

250. He aquí lo que la Santísima Virgen reveló al beato Alano de la Roche, como se lee en su libro De Dignitate Rosarii, y luego en Cartagena: "Sabe, hijo mío, y hazlo conocer a todos, que es señal probable y próxima de condenación eterna el tener aversión, tibieza y negligencia a la recitación de la salutación angélica, que trajo la salvación a todo el mundo". Palabras tan consoladoras y terribles, a la vez, tanto que nos resistiríamos a creerlas, si no las garantizara la santidad de este varón y la de Santo Domingo antes que él, y después, la de muchos grandes personajes junto con la experiencia de muchos siglos. Pues siempre se ha observado que los que llevan la señal de la reprobación como los herejes, impíos, orgullosos y mundanos odian y desprecian el Avemaría y el Rosario.

Los herejes aprenden a rezar el Padrenuestro pero no el Avemaría, ni el Rosario. ¡A éste lo consideran con horro! Antes llevaría consigo una serpiente que un rosario. Asimismo los orgullosos, aunque católicos, teniendo como tienen las mismas inclinaciones que su padre, Lucifer, desprecian o miran con indiferencia el Avemaría consideran el Rosario como devoción de mujercillas, sólo buena para ignorantes y analfabetos. Por el contrario, la experiencia enseña que quienes manifiestan grandes señales de predestinación, estiman y rezan con gusto y placer el Avemaría, y cuanto más unidos viven a Dios, más aprecian esta oración. La Santísima Virgen lo decía al Beato Alano de la Roche a continuación de las palabras antes citadas.

251. No sé cómo ni por qué, pero es real: no tengo mejor secreto para conocer si una persona es de Dios, que observar si gusta de rezar el Avemaría y el Rosario. Digo si gusta porque puede suceder que una persona esté natural o sobrenaturalmente imposibilitada de rezarlos, pero siempre los estima y recomienda a otros.

252. Recuerden, almas predestinadas, esclavas de Jesús en María, que el Avemaría es la más hermosa de todas las oraciones después del Padrenuestro. El Avemaría es el más perfecto saludo que pueden dirigir a María. Es, en efecto, el saludo que el Altísimo le envío por medio de un arcángel para conquistar su corazón y fue tan poderoso sobre el corazón de María que, no obstante su profunda humildad, Ella dio su consentimiento a la Encarnación del Verbo. Con este saludo debidamente recitado también ustedes conquistarán infaliblemente su corazón.

253. El Avemaría bien dicha, es decir, con **atención, devoción y modestia**, es según los Santos el enemigo del diablo, a quien hace huir, y el martillo que lo aplasta. Es la santificación del alma, la alegría de los ángeles, la melodía de los predestinados, el cántico del

Nuevo Testamento, el gozo de la Santísima Virgen y la gloria de la Santísima Trinidad. El Avemaría:

* es un rocío celestial que hace al alma fecunda,
* es un casto y amoroso beso que damos a María,
* es una rosa encarnada que le presentamos,
* es una perla preciosa que le ofrecemos,
* es una copa de ambrosía y néctar divino que le damos.

Todas estas comparaciones son de los santos

254. Les ruego, pues, con la mayor insistencia y por el amor que les profeso en Jesús y María que no se contenten con rezar la Coronilla de la Santísima Virgen. Recen también el Rosario y, si tienen tiempo, los quince misterios, todos los días. A la hora de la muerte bendecirán el día y hora en que aceptaron mi consejo. Y, después de haber sembrado en las bendiciones de Jesús y de María, cosecharán las bendiciones eternas. "Quien hace siembras generosas, generosas cosechas tendrá".

VI. Recitación del Magníficat.

255. Sexta práctica. Recitarán frecuentemente el Magníficat a ejemplo de la beta María d'Oignies y de muchos otros santos para agradecer a Dios las gracias que otorgó a la Santísima Virgen. El Magníficat es la única oración y el único cántico compuesto por la Santísima Virgen o mejor en Ella por Jesucristo que hablaba por boca de María. Es el mayor sacrificio de alabanza que Dios ha recibido en la ley de la gracia. Es

el más humilde reconocido y, a la vez, el más sublime y elevado de todos los cánticos. En él hay misterios tan grandes y ocultos que los ángeles los ignoran. "Él hace proezas con su brazo: dispersa a los soberbios de corazón.

VII. Menosprecio del mundo.

256. Séptima práctica. Los fieles servidores de María deben poner gran empeño en menospreciar, aborrecer y huir de la corrupción del mundo y servirse de las prácticas de menosprecio de lo mundano que hemos indicado en la primera parte.

ARTÍCULO SEGUNDO
Prácticas particulares e interiores
para los que desean ser perfectos

257. Además de las prácticas exteriores de devoción que acabo de referir, las cuales no se deben dejar por negligencia ni desprecio, en cuanto lo permiten el estado y la condición de cada uno, he aquí algunas prácticas interiores que tienen gran eficacia santificadora para aquellos a quienes el Espíritu Santo llama a una elevada santidad.

Todo resume en obrar siempre: por María, con María en María y para María a fin de obrar más perfectamente por Jesucristo, con Jesucristo, en Jesucristo y para Jesucristo.

I. Obrar para María o conforme al espíritu de María.

258. Hay que realizar las propias acciones por María es decir, es preciso obedecer en todo a María, moverse en todo a impulso del espíritu de María, que es Espíritu de Dios. "Todos aquellos a los que conduce el Espíritu de Dios, ésos son hijos de Dios". De manera semejante, los que son conducidos por el espíritu María son hijos de María son hijos de María, y por consiguiente, hijos de Dios... Y entre tantos devotos de la Santísima Virgen solo son verdaderos y fieles devotos suyos los que se dejan conducir por su espíritu.

259. Para dejarte conducir el espíritu de María, es preciso que:

1° antes de obrar por ejemplo, antes de orar, celebrar la santa Misa o participar en Ella, comulgar, etc. Renuncies a tu propio espíritu, tus propias luces, querer y obrar. Porque las tinieblas del espíritu y la malicia de la voluntad son tales que si las sigues, por excelentes que te parezcan, obstaculizarán al santo espíritu de María.

2° Te entregues al espíritu de María para ser movilizado y conducido por él de la manera que Ella quiera. Debes abandonarte en sus manos virginales, como la herramienta en manos del obrero, como el laúd en manos de un tañedor. Tienes que perderte y abandonarte a Ella, como una piedra que se arroja al mar, lo cual se hace sencillamente y en un momento, con una simple mirada del espíritu, un ligero movimiento de la voluntad o con pocas palabras, diciendo, por ejemplo" Renuncio a m sí mismo y me consagro a ti, querida Madre mía" y aun cuando no sientas ninguna dulzura sensible en este acto de unión, no por ello deja de ser verdadero; lo mismo que si Dios no lo permita, dijéramos con toda sinceridad: "Me entrego al diablo", aunque lo dijéramos sin algún cambio sensible, no perteneceríamos con menos verdad al demonio.

3º Renueves frecuentemente el mismo acto de ofrecimiento y unión, durante la oración y después de ella. Y entre más lo hagamos, más nos santificaremos y llegaremos antes a la unión con Jesucristo, unión que siempre sigue necesariamente a la unión con María, siendo así que el espíritu de María es el espíritu de Jesús.

II. Obrar con María o imitando a María.

260. Hay que realizar las propias acciones con María, es decir, mirar a María como el modelo acabado de toda virtud y perfección, formado por el Espíritu Santo es una pura creatura, para que lo imites según tus limitadas capacidades. Es, pues, necesario que en cada acción mires como la hizo o haría la Santísima Virgen, si estuviera en tu lugar.

Para esto debes examinar y meditar las grandes virtudes que Ella practicó durante toda su vida, y particularmente:

1º su fe viva, por lo cual creyó sin vacilar la palabra del ángel y siguió creyendo fiel y constantemente hasta el pie de la cruz en el Calvario,

2º su humildad profunda, que la llevó siempre a ocultarse, callarse, someterse en todo y colocarse en el último lugar,

3° su pureza totalmente divina, que no ha tenido ni tendrá jamás igual sobre la tierra. Y finalmente todas sus demás virtudes.

Recuerda te lo repito que María es el grandioso y único modelo de Dios, apto para hacer imágenes vivas de Dios, a poco costo y en poco tiempo. Quien haya este molde y se pierde en él, muy pronto se transformará en Jesucristo, a quien este molde representa al natural.

III. Obrar en María o íntima unión con Ella.

261. Hay que realizar las propias acciones en María. Para comprender bien esta práctica es preciso recordar:

1° que la Santísima Virgen es el verdadero paraíso terrestre del nuevo Adán. El antiguo paraíso era solamente una figura de éste. Hay en este paraíso riquezas, hermosuras, maravillas y dulzuras inexplicables, dejadas en él por el nuevo Adán, Jesucristo. Allí encontró El sus complacencias durante nueve meses, realizó maravillas e hizo alarde de sus riquezas con la magnificencia de un Dios;

Este lugar santísimo fue construido solamente con una tierra virginal e inmaculada, de la cual fue formado y alimentado el nuevo Adán, sin ninguna mancha de inmundicia, por obra del Espíritu Santo que en él habita;

En este paraíso terrestre se halla el verdadero árbol de vida, que produjo a Jesucristo, fruto de vida; el árbol de la ciencia del bien y del mal, que ha dado la luz al mundo; hay en este divino lugar árboles plantados por la mano de Dios, regados por su unción celestial y que han dado y siguen dando frutos de exquisito sabor; hay allí jardines esmaltados de bellas y diferentes flores de virtud, que exaltan un perfume que embalsama a los mismos ángeles; hay en este lugar verdes praderas de esperanza, torres inexpugnables de fortaleza, moradas llenas de encanto y seguridad, etc.

Sólo el Espíritu Santo puede dar a conocer la verdad que se oculta bajo estas figuras de cosas materiales. Se respira en este lugar al aire puro e incontaminado de pureza sin imperfección, brilla el día hermoso y sin noche de la santa humanidad, irradia el sol hermoso y sin sombras de la divinidad, arde el horno encendido e inextinguible de la caridad en el que el hierro se inflama y transforma en oro, corre tranquilo el río de la humildad, que brota de la tierra y, dividiéndose en cuatro brazos, riega todo este delicioso lugar: son las cuatro virtudes cardinales.

262. 2º El Espíritu Santo, por boca de los Santos Padres, llama también a María:

1. La puerta oriental, por donde entra al mundo y sale de él el Sumo Sacerdote, Jesucristo: por ella entró la primera vez y por ella volverá la segunda;

2. El santuario de la divinidad, la mansión de la Santísima Trinidad, el trono de Dios, el altar y el templo de Dios, el mundo de Dios. Epítetos y alabanzas muy verdaderos, cuando se refieren a las diferentes maravillas y gracias que el Altísimo ha realizado en María.

¡Qué riqueza! ¡Qué gloria! ¡Qué placer! ¡Qué dicha! Poder entrar y permanecer en María en quien el Altísimo colocó el trono de su gloria suprema.

263. Pero, qué difícil es a pecadores como nosotros obtener el permiso, capacidad y luz suficientes para entrar en lugar tan excelso y santo, custodiado ya no por un querubín como el antiguo paraíso terrenal sino por el mismo Espíritu Santo, que ha tornado posesión de él y dice: "Un jardín cercado es mi hermana, mi esposa; huerto cerrado manantial bien guardado". ¡María es jardín cercado! ¡María es manantial sellado! Los miserables hijos de Adán y Eva, arrojados del paraíso terrenal no pueden entrar en este nuevo paraíso, sino por una gracia excepcional del Espíritu Santo, que ellos deben merecer.

264. Después de haber obtenido, mediante la fidelidad, esta gracia insigne, es necesario permanecer el hermoso interior de María con alegría, descansar allí en paz, apoyarse en él confiadamente, ocultarse allí con seguridad y perderse en él sin reserva, a fin de que, en este seno virginal:

1º Te alimenten con la leche de la gracia y misericordia maternal de María.

2º Te liberes de toda turbación, temor y escrúpulo.

3º Te pongas a salvo de todos tus enemigos: demonio, mundo y pecado, que jamás pudieron entrar en María. Por esto dice Ella misma: "Los que trabajan en mí no pecarán", esto es, los que permanecen espiritualmente en la Santísima Virgen no cometerán pecado considerable.

4° Te formes en Jesucristo y Jesucristo sea formado en ti. Porque, el seno de María dicen los Padres es la sala de los sacramentos divinos, donde se han formado Jesucristo y todos los elegidos: "Uno por uno, todos han nacido en Ella".

V. Obrar para María o al servicio de María

265. Finalmente, hay que hacerlo todo para María. Estando totalmente consagrado a su servicio, es justo que lo realices todo para María, como lo harían el criado, el siervo y el esclavo, respecto a su patrón. No que la tomes por el fin último de tus patrón. No que la tomes por el fin último de tus servicios que lo es Jesucristo sino como fin próximo, ambiente misterioso y camino fácil para llegar a Él.

Conviene, pues, que no te quedes ocioso, sino que actúes como el buen siervo y esclavo. Es decir, que apoyado en su protección, emprendas y realices grandes empresas por esta augusta Soberana.

En concreto, debes:

* defender sus privilegios, cuando se los disputan;
* defender su gloria, cuando se la ataca;
* atraer, a ser posible, a todo el mundo a su servicio y a esta verdadera y sólida devoción;
* hablar y levantar el grito contra quienes abusan de su devoción; y al mismo tiempo establecer en el mundo está verdadera devoción;
* y no esperar en recompensa de este humilde servicio sino el honor de pertenecer a tan noble Princesa y la dicha de vivir unido por medio de Ella a

Jesús, su hijo, con lazo indisoluble en el tiempo y la eternidad.

¡Gloria a Jesús en María!
¡Gloria a María en Jesús!
¡Gloria a solo Dios!

SUPLEMENTO A

Práctica de la Consagración Total
en la Sagrada Comunión

ANTES DE LA COMUNIÓN.

266. 1º Humíllate profundamente delante de Dios.

2º Renuncia a tus malas inclinaciones y a tus disposiciones, por buenas que te las haga ver el amor propio.

3º Renueva tu consagración diciendo "¡Soy todo tuyo, oh María, y cuanto tengo es tuyo!"

4º Suplica a esta bondadosa Madre que te preste tu corazón para recibir en él a su Hijo con sus propias disposiciones. Le harás notar cuanto importa a la gloria de su Hijo que no entre en un corazón tan manchado e inconstante como el tuyo, que no dejaría de menoscabar su gloria y hasta llegaría a apartarse de Él. Pero que si Ella quiere venir a morar en ti para recibir a su Hijo, puede hacerlo, por el dominio que tiene sobre los corazones, y que su Hijo será bien recibido por Ella sin marcha ni peligro de que sea rechazado: "Teniendo a Dios en medio, no vacila".
Dile con absoluta confianza que todos los bienes que le has dado valen poco para honrarla. Pero que, por la Sagrada Comunión, quieres hacerle el mismo obsequio que le hizo el Padre eterno: obsequio que la honrará más que si le dieses todos los bienes del mundo.

Dile, finalmente, que Jesús, que la ama en forma excepcional, desea todavía complacerse y descansar en

Ella aunque sea en tu alma, más sucia y pobre que el estado en donde Jesús se dignó nacer porque allí estaba Ella.

Pídele su corazón con estas tiernas palabras: "¡Tú eres mi todo, oh María; préstame tu corazón"!

EN LA COMUNIÓN

267. Dispuesto ya a recibir a Jesucristo, después del Padrenuestro, le dirás tres veces: "Señor, no soy digno de que entres en mi casa...", como si dijeses, la primera vez al Padre eterno que no eres digno de recibir a su Hijo único, a causa de tus malos pensamientos e ingratitudes para con un Padre tan bueno, pero que ahí está María, su esclava, que ruega por ti y te da confianza y esperanza singulares ante su Majestad: Porque tú solo me das seguridad.

268. Al Hijo le dirás: "Señor, no soy digno, etc." que no eres digno de recibirle a causa de tus palabras inútiles y malas y de tu infidelidad en su servicio, pero que no obstante, le suplicas tenga piedad de ti, que le introducirás en la casa de su propia Madre que es también tuya y que no le dejarás partir hasta que venga a habitar en Ella: "Cuando encontré al amado de mi alma; lo abracé y no lo soltaré más hasta que lo haya hecho entrar en la casa de mi madre..." Ruégate que se levante y venga al lugar de su reposo y al arca de sus santificación: "Levántate, Señor, ven a tu mansión; ven con el arca de tu poder". Dile que no confías lo más mínimo en tus méritos, ni en tus fuerzas y preparaciones como Esaú sino en los de María, tu

querida Madre como el humilde Jacob en los cuidados de Rebeca; que, por muy pecador y Esaú que seas, te atreves a acercarte a su santidad, apoyado y adornado con los méritos y virtudes de su Santísima Madre.

269. Al Espíritu Santo le dirás; "Señor, no soy digno..." que no eres digno de recibir la obra maestra de su amor a causa de la tibieza y maldad de tus acciones y de la resistencia de sus aspiraciones, pero que toda su confianza es María, su fiel Esposa. Dile con San Bernardo: "Ella es mi suprema confianza y la única razón de mi esperanza". Puedes también rogarle que venga a María, su indisoluble Esposa. Dile que su seno es tan puro y su corazón está tan inflamado como nunca y que si no desciende a tu alma, ni Jesús ni María podrán formarse en ella ni ser en ella dignamente hospedados.

DESPUÉS DE LA COMUNIÓN.

270. Después de la Sagrada Comunión, estando recogido interiormente y cerrados los ojos, introducirás a Jesucristo en el Corazón de María. Se lo entregarás a su Madre, quien lo recibirá amorosamente, lo colocará dignamente, lo amará perfectamente, lo abrazará estrechamente y le rendirá en espíritu y verdad muchos obsequios que desconocemos a causa de nuestras espesas tinieblas.

271. O te mantendrás profundamente humillado dentro de ti mismo, en presencia de Jesús que mora en María. O permanecerás como el esclavo a la puerta del palacio

del Rey, quien dialoga con la Reina. Y mientras ellos habían entre sí, dado que no te necesitan, subirás en espíritu al cielo e irás por toda la tierra a rogar a las creaturas que den gracias, adoren y amen a Jesús y a María en nombre tuyo: Vengan, adoremos, etc.

272. O pedirás tú mismo a Jesús, en unión de María, la llegada de su reino a la tierra por medio de su Santísima Madre, o la divina Sabiduría, o el amor divino, o el perdón de tus pecados, o alguna otra gracia, pero siempre en María y por María, diciendo, mientras fijas los ojos en tus pecados, añadirás: "Algún enemigo lo ha sembrado". Yo, que soy mi mayor enemigo: yo cometí esos pecados. O también: "Hazme justicia, oh Dios, defiende mi causa contra gente sin piedad; sálvame del hombre traidor y malvado", que soy yo mismo. O bien: "Jesús mío, conviene que tú crezca en mi alma y que yo disminuya. María es necesario que tú crezcas en mí y que yo sea menos que nunca. ¡Oh Jesús! ¡Oh María! ¡Crezcan en mí! ¡Multiplíquense fuera, en los demás!

273. Haya mil pensamientos más que el Espíritu Santo sugiere y te sugerirá también a ti, si eres verdaderamente hombre interior, mortificado y fiel a la excelente y sublime devoción que acabo de enseñarte. Pero, acuérdate que cuanto más permitas a María a obrar en tu Comunión, tanto más será glorificado Jesucristo, y que tanto más dejarás obrar a María para Jesús y a Jesús para María, cuanto más profundamente te humildes y los escuches en paz y silencio, sin inquietarte por ver, gustar o sentir. Porque el justo vive

en todo de la fe y particularmente en la Sagrada Comunión que es acto de fe: "El justo mío, si cree, vivirá".

Sagrado Corazón de Jesús:
¡Venga tu reino!
¡Venga por María!

SUPLEMENTO B

Consagración de sí mismo a Jesucristo, la Sabiduría encarnada, por medio de María

(El Amor de la Sabiduría Eterna, 223-227)

¡Oh Sabiduría eterna y encarnada! ¡Oh amable y adorable Jesús, verdadero Dios y verdadero hombre, Hijo único del Padre Eterno y de María, siempre Virgen! Os adoro profundamente en el seno y en los esplendores de vuestro Padre, durante la eternidad, y en el seno virginal de María, vuestra dignísima Madre, en el tiempo de vuestra Encarnación.

Os doy las gracias porque os habéis anonadado tomando la forma de un esclavo para sacarme de la cruel esclavitud del demonio. Os alabo y glorifico porque os habéis sometido a María, vuestra Santa Madre, en todo, a fin de hacerme por Ella vuestro fiel esclavo.

Pero ¡ay! ingrato e infiel como soy, no he cumplido las promesas que tan solemnemente os hice en el Bautismo; no he guardado mis deberes, no he merecido ser llamado vuestro hijo ni vuestro esclavo, y como nada hay en mí que no merezca vuestra repulsa y vuestra cólera, no me atrevo a aproximarme por mí mismo a vuestra Santísima y Augusta Majestad.

Por esto he recurrido a la intercesión de vuestra Santísima Madre, que Vos me habéis dado como medianera para con Vos, y por este medio espero obtener de Vos la contrición y el perdón de mis pecados, la adquisición y la conservación de la Sabiduría.

Os saludo, pues, ¡oh María Inmaculada! tabernáculo viviente de la Divinidad, en donde la Sabiduría eterna escondida quiere ser adorada por los ángeles y los hombres. Os saludo, ¡oh Reina del cielo y de la tierra!, a cuyo imperio está todo sometido, todo lo que está debajo de Dios. Os saludo, ¡oh refugio seguro de los pecadores! cuya misericordia no falta a nadie; escuchad los deseos que tengo de la divina Sabiduría, y recibid para ello los votos y las ofertas que mi bajeza os presenta:

Yo, N..., pecador infiel, renuevo y ratifico en vuestras manos los votos de mi bautismo. Renuncio para siempre a Satanás, a sus pompas y a sus obras, y me entrego enteramente a Jesucristo, la Sabiduría encarnada, para llevar mi cruz tras El todos los días de mi vida. Y a fin de que le sea más fiel de lo que he sido hasta ahora, os escojo hoy, ¡oh María!, en presencia de toda la corte celestial, por mi Madre y mi Señora. Os entrego y consagro en calidad de esclavo mi cuerpo y mi alma, mis bienes interiores y exteriores, y aun el valor de mis buenas acciones pasadas, presentes y futuras, otorgándoos un entero y pleno derecho de disponer de mí y de todo lo que me pertenece, sin excepción, a vuestro agrado, a la mayor gloria de Dios, en el tiempo y en la eternidad.

Recibid, ¡oh Virgen benignísima!, esta pequeña ofrenda de mi esclavitud en honor y unión de la sumisión que la Sabiduría encarnada quiso observar para con vuestra Maternidad; en homenaje del poder que ambos tenéis sobre este pequeño gusano y miserable pecador; y en acción de gracias por los privilegios con que os dotó la Santísima Trinidad.

Protesto que para en adelante quiero, como verdadero esclavo vuestro, procurar vuestra honra y obedeceros en todo.

¡Oh Madre admirable!, presentadme a vuestro querido Hijo en calidad de eterno esclavo, a fin de que como me rescató por Vos, me reciba de vuestras manos. ¡Oh Madre de misericordia!, hacedme la gracia de alcanzarme la verdadera sabiduría de Dios y de colocarme a este efecto en el número de los que amáis, enseñáis, guiais, alimentáis y protegéis como hijos y esclavos vuestros. ¡Oh Virgen fiel!, hacedme en todo tan perfecto discípulo, imitador y esclavo de la Sabiduría encarnada, Jesucristo, vuestro Hijo, que por vuestra intercesión y a ejemplo vuestro, llegue, a imitación vuestra, a la plenitud de la perfección sobre la tierra y de la gloria en los cielos. Así sea.